Eugène PETIT

SOUVENIRS ET IMPRESSIONS

DE VOYAGE

—

QUATRE JOURS

À

ROME

ORLÉANS

IMPRIMERIE | ÉDITEUR
AUGUSTE GOUT ET Cⁱᵉ | MAUME-VERNEDAL
Passage du Loiret | Librairie du Loiret

—

1907

SOUVENIRS ET IMPRESSIONS

DE VOYAGE

—

QUATRE JOURS

A ROME

Orléans, le 15 septembre 1907.

Les souvenirs et impressions que nous présentons aujourd'hui au public sont ceux d'un membre honoraire de l'Arago-Sport, d'Orléans, qui a accompagné ces jeunes gens dans cet intéressant voyage.

L'Editeur.

———

Les simili-gravures contenues dans cet opuscule ont été établies sur les documents photographiques pris, au cours du voyage, par M. l'abbé Desplat, vicaire de Saint-Bruno, à Bordeaux; M. l'abbé Millet, vicaire de Saint-Paterne, à Orléans; M. Th. Lefèvre, imprimeur au Mesnil-sur-Eure, et M. Auguste Gout, imprimeur à Orléans.

———

RIEZ

Eugène PETIT

SOUVENIRS ET IMPRESSIONS

DE VOYAGE

QUATRE JOURS

A

ROME

ORLÉANS

IMPRIMERIE   ÉDITEUR
AUGUSTE GOUT ET Cie   MAUME-VERNÉDAL
Passage du Loiret   Librairie du Loiret

1907

QUATRE JOURS
A ROME

De Paris à Turin

5 septembre, à dix heures et demie.
du soir, en gare de Lyon, à Paris. La
locomotive lance son dernier coup de
sifflet ; elle s'ébranle, entraînant à sa
suite une quinzaine de wagons où se
sont empilés, tant bien que mal, plutôt
mal que bien, environ six cent cinquante gymnastes venus de tous les
coins de la France, sous la conduite de
leurs directeurs respectifs... Tous gais,
frais et dispos.

Le train roule dans la campagne
éclairée par la lune, sans arrêt, jus-

qu'à Laroche, où il s'augmente d'une
voiture. Il repart pour ne plus s'arrêter
qu'au jour naissant à Dijon, « la ville
aux beaux clochers ». Autrefois, il n'y
a pas encore très longtemps, la ville
de Dijon était ceinte de vieilles murailles ; elle possédait un beau château
du XIII° siècle, avec donjon, fossés,
échauguettes, machicoulis, créneaux,
qui servait de logement aux gendar-
mes et faisait à la cité bourguignonne
une parure extérieure pittoresque et
vénérable. Le « progrès » a passé par
là ; il a tout rasé, nivelé. On ne voit
rien, que d'immenses étendues de
terrain coupées par des entrecroisements de rails où circulent d'intermi-
nables trains de marchandises.

Au loin, vers l'Est, la montagne
de Talant. Après quelques minutes
d'arrêt, le temps de changer de ma-
chine, et l'on repart. Nous courons
aux pieds d'une chaîne de collines
basses, s'étageant doucement à l'ouest,
éclairées par le soleil levant. C'est la fameuse « Côte-d'Or », fertile en crus de
première qualité. Sous nos yeux, défilent, en une course folle, des noms cé-
lèbres : Gevrey-Chambertin, Nolay,

— 6 —

Vougeot, Nuits, Beaune, Meursault, Pomard, Pouilly, Chassagne, qui, pour n'être pas ceux de batailles meurtrières, n'en sont pas moins illustres. La plaine, à notre gauche, s'étend riante, parsemée de bouquets d'arbres, arrosée de petits cours d'eau peu profonds que la sécheresse n'a pas encore vidés : l'Ouche, la Dheune, et d'autres aux noms aussi modestes que le cours, qui y entretiennent une fraîcheur, d'ailleurs relative cette année. Le pays a l'aspect plantureux, sain et gai...

Nous atteignons Chagny : le Creuzot et les mines de Montchanin ne sont pas loin. Chalon-sur-Saône fuit derrière nous ; puis, avec quelques échappées sur la Saône, Mâcon, où nous effleure le souvenir de Lamartine ; Bourg-en-Bresse : on aperçoit, dans le lointain, la petite église de Brou, célèbre par le tombeau que la duchesse Marie de Bourgogne éleva à son époux Philibert de Savoie et qui porte cette devise d'une mélancolie insondable : *Plus ne m'est rien. .. Rien ne m'est plus*, avec le rébus qui, depuis de longues années, taquine la sagacité des savants locaux : *Fert.* Le paysage devient plus accidenté : voici Pont-d'Ain et, sur une passerelle en fer, le train franchit la « rivière d'Ain ». Brusquement nous entrons dans une vallée resserrée entre des roches boisées à leur base, dépouillées à leur faîte, comme couronnées d'une suite de murailles et de bastions en ruines, rappelant le paysage fantastique de Montpellier-le-Vieux. C'est le Bugey. Voici Ambérieu, gare importante de croisement. Un amas de constructions grises, à l'aspect sordide. Ce sont des établissements industriels où « la houille « blanche », c'est-à-dire l'eau captée qui tombe en cascades, fournit la force motrice à meilleur marché que le charbon. Pays presque exclusivement industriel, à l'aspect sauvage et triste, malgré la parure de ses vertes frondaisons et de ses prés inondés.

Cependant, la vallée s'élargit vers l'Est. Sur une seconde passerelle en fer, le train franchit un cours d'eau étalé sur du galet gris, roulant une eau blanchâtre : c'est le Rhône à son entrée en France. Nous sommes à Culoz. Brusquement, le train court au Sud ; et à un détour imprévu, devant nos yeux étonnés, s'ouvre le décor le plus charmant qu'on puisse rêver : sous le soleil du matin, le lac du Bourget, le « Lac » de Lamartine, étale ses eaux bleues que nous côtoyons comme près d'y tomber. Au delà, sur l'autre rive du lac, l'abbaye de Haute-Combe, sépulture des princes de la famille de Savoie, dessine sa menue silhouette blanche. Au fond, la Dent du Chat se découpe nettement sur le ciel ; et plus loin encore, à l'arrière-plan, le massif de la Grande-Chartreuse...

Tout cela apparaît et disparaît comme emporté dans un tourbillon. Des constructions somptueuses couronnées de clochetons multicolores ; à droite, une jetée et un petit port d'embarquement sur le lac : c'est Aix-les-Bains, la grande station thermale.

Le train court à travers des feuillages touffus, et, en moins de temps qu'il n'en faut pour l'écrire, passant au pied du « château » de Chambéry, il s'engage sur la rampe qui, dès à présent, commence à monter vers le Mont-Cenis. Le panorama se transforme de nouveau.

Tantôt âpre et sévère, tantôt riant et
verdoyant, borné par de hautes montagnes en apparence infranchissables,
le paysage prend l'apparence alpestre
d'une grandeur écrasante. L'œil y
cherche vers les sommets les glaciers
d'où sortent les torrents qui roulent,
laiteux, au fond des vallées : la Van-
noise, le Grand et le Petit Saint-Ber-
nard. Nous sommes en Savoie, berceau de la famille royale italienne ;
pays cédé à la France en échange des
services rendus et du sang versé à Sol-
férino, à Magenta. Le train monte ; ha-
letant, il passe devant Saint-Jean-de-
Maurienne, perdu au fond d'une profonde vallée, devant Saint-Julien et
Saint-Michel. Nous montons toujours.
A droite, le mont Thabor profile ses
cimes noires. Encore un effort et c'est
Modane, point culminant de l'ascen-
sion à ciel ouvert. Nous allons quitter
la France pour entrer en Italie...

La traversée du tunnel du Mont-Cenis est assez pénible, surtout lorsque
les voyageurs ont, comme cela nous
est arrivé, commis l'imprudence, contre laquelle on avait négligé de les pré-
munir, de baisser les glaces de leurs

compartiments. C'est moins encore le
manque d'air que la fumée qui rendent
ce passage laborieux. Au milieu du trajet, des voix angoissées se font enten-
dre : « De l'air ! de l'air ! ». Le train
s'arrête, mais cela ne donne pas plus
d'air : au contraire. Enfin, au bout de
trente à trente-cinq minutes qui pa-
raissent un siècle, la lumière reparaît,
et avec elle l'air respirable vient chas-
ser et remplacer la fumée qui nous as-
phyxiait. Il était temps !

Sur ce versant oriental des Alpes
cottiennes, nous sommes en Piémont.
Le train dévale vers Suze, à travers
un paysage assez semblable à celui que
nous venons de quitter. La Doria
Ripeira, affluent du Pô, coule au fond
d'une vallée que le train surplombe
parfois d'une manière inquiétante.
Puis nous voici dans la plaine lom-
barde qui s'étend plate, couverte de
frondaisons, de sillons réguliers indi-
quant une culture assez intense : cela
ressemble à la Bresse. La sécheresse
qui a sévi de ce côté des Alpes comme
de l'autre a rendu les routes poudreu-
ses ; nous avalons des kilogrammes de
poussière. Le trajet, jusqu'à Turin, est

long, lent et fastidieux, et il ne faut
pas moins de toute l'amabilité de
charmants compagnons de voyage
pour nous le faire supporter avec rési-
gnation. Il s'effectue, cependant, et de
loin, à un tournant, apparaît une grande ville : c'est Turin, l'ancienne capitale du royaume de Sardaigne. Il est
cinq heures de l'après-midi, heure de
l'Europe centrale. Le programme com-
porte trois heures d'arrêt, le temps de
dîner y compris et celui de la visite de
la ville. C'est court !

De Turin à Rome

6 *septembre*. — Qui donc a dit que le peuple italien était démonstratif et bruyant ? Réputation usurpée, du moins pour les habitants de Turin.

Turin est, en effet, la ville du silence. Les habitants y ont l'air de glisser dans les rues comme des ombres muettes. On y entendrait une mouche voler. Nous hélons un cocher de flacre pour nous promener par la ville. « Une passegiata ? » L'automédon nous regarde du haut de son siège, d'un air dédaigneux, fait, de la tête, un signe négatif et s'éloigne au pas tranquille de son cheval qui semble ferré de chaussons de lisière. Plus heureux dans une seconde tentative, nous roulons silencieusement dans des rues alignées au cordeau et se coupant à angles droits, toutes neuves, avec des prétentions monumentales faiblement réalisées. Aux entrecroisements, des places plus ou moins vastes au milieu desquelles s'élèvent des groupes de

statues où, dans des attitudes théâtra-
les et d'un mouvement excessif qui
compense la quasi rigidité des Turinois, tous les princes de la maison de
Savoie sont représentés dans des attitudes héroïques. Sauf Victor-Emmanuel Ier qui, sur un énorme chapi-
teau au sommet d'une colonne fluette,
affecte une pose de stylite, tous les autres brandissent des sabres mena-
çants et pourfendent des ennemis in-
visibles. L'œuvre de l'unité italienne
fait à peu près tous les frais de cette
statuaire militariste ; plus diplomati-
que que guerrière, cette œuvre ne com-
portait peut-être pas tout cet étalage de
panaches.

Certaines parties de la ville sont
pavoisées : informations prises, il s'a-
git de la célébration annuelle d'un acte
d'héroïsme accompli par un soldat
piémontais, Micca, en 1706, au cours
de la guerre de succession d'Espagne.
L'armée française, sous le commandement du duc d'Orléans, neveu de
Louis XIV, assiégeait Turin. La place,
vivement attaquée, allait succomber ;
déjà même les assiégeants y péné-
traient de toutes parts, lorsque le ca-

nonnier Pierre Micca, saisissant une
mèche allumée, mit le feu à un ton-
neau de poudre et se fit sauter en compagnie d'un nombre considérable d'as-
saillants. Cette diversion arrêta l'élan
des troupes françaises, et l'armée sarde,
sous le commandement du prince Eugène, eut le temps d'accourir au secours
de la place. C'est cet acte d'héroïsme,
dont une statue, élevée en 1860, rappelle le souvenir, que les Turinois célè-
brent, en ce jour, avec le calme qui
fait le fond de leur manière d'être. Pas
de foule, pas de chants, pas de cris :
tout se passe en dedans. On nous dit,
pourtant, qu'il y aura, ce soir, illumi-
nations et musique et que, demain,
un frère du roi, flanqué d'un ou deux
ministres, viendra, de sa personne, cé-
lébrer cet anniversaire, après tout glo-
rieux. Espérons que la population
montrera un peu plus d'animation.

Après une tournée assez dépourvue
d'intérêt, nous cherchons une place
dans un restaurant pour y dîner avant
de reprendre le train. Trait caractéris-
tique que nous retrouverons à Rome
même : absence totale, dans tous les
cafés et restaurants, de toute espèce de

porte-manteau. Les garçons, d'ailleurs,
ne s'empressent nullement de vous dé-
barrasser, ce qui oblige à encombrer
les chaises et les tables voisines. Ce
n'est pas toujours commode.

A huit heures et demie du soir, nous
remontons dans le train qui nous emporte à toute vapeur, cette fois, dans
la direction de Gênes. Nuit close. Rien
à voir. On s'installe comme on peut
pour dormir : un de nos compagnons
prend place dans le filet aux bagages :
il ne doit pas y être tout à fait à son
aise ; mais cela donne de la place aux
autres, et, en voyage, ce n'est pas à dé-
daigner. Tout à coup, vers deux heures
du matin, des lumières apparaissent
nombreuses ; puis d'autres ; puis d'autres encore. Nous devons être dans le
voisinage d'une grande ville. C'est, en
effet, Gênes qui défile, et toute sa ban-
lieue de villas, de stations balnéaires.
Mais nous ne voyons rien. Vers trois
heures du matin, le train stoppe dans
une grande gare, à côté d'un train
rempli de soldats de S. M. le roi d'Italie. Nous sommes à la Spezzia, grand
arsenal de la marine militaire italienne. Pour la première fois, le parler

italien, ce doux et chantant dialecte
toscan, frappe nos oreilles. Cette fois,
le peuple italien semble vivant. Dans
les wagons militaires, sur les quais,
les soldats, en uniforme blanc, coiffés
du bonnet de police, échangent des
lazzis. Dieu me pardonne ! je crois
qu'ils chantent ! Mais notre train repart ; il reprend sa course à travers la
nuit déjà blanchissante vers l'Est. Encore quelques tours de roue, et nous
voici à Pise. Il fait jour : tout le monde
se penche avidement à la portière, et
la fameuse « Tour penchée » apparaît
à nos yeux dans son paradoxal équi-
libre. Le Dôme se devine à côté : ce
n'est qu'une courte vision. En gare,
toujours des soldats ; et alors commence une scène qui se reproduira
plusieurs fois dans le cours de cette
journée : l'assaut donné par nos six
cents jeunes gens aux buffets, où se
débitent du café, du pain, du vin, de
ce vin de chianti, âpre au goût, que l'on
nous vend, pour un franc, dans des
bouteilles pansues enveloppées de
paille, mais insuffisamment bouchées.
Les marchands ne rendant que rarement la monnaie, ces provisions re-

viennent assez cher. L'eau elle-même, pas toujours potable, fait l'objet d'un négoce actif, mais rarement avantageux pour le voyageur alléré et couvert de poussière.

A partir de Pise, et après avoir franchi l'Arno, nous longeons la côte de si près qu'avec un peu de bonne volonté, nous pouvons nous croire non plus en chemin de fer, mais en bateau. Les flots baignent le pied des falaises qui s'avancent comme des éperons dans la mer et que nous coupons transversalement par de courts tunnels. Au loin, à l'horizon se profilent des terres, des îles où nous nous plaisons à reconnaître l'île d'Elbe, où fut interné Napoléon pendant les cent jours, voire la Corse, sa patrie ! Cela distrait et fait passer le temps. Toute la matinée s'écoule ainsi, assez agréablement. Au loin, vers l'Est, la chaîne des Apennins fait au tableau un cadre aux lignes simples et sévères.

Cependant la campagne, sur notre gauche, jusque-là assez bien cultivée, encore verdoyante, quoique atteinte par la sécheresse, change peu à peu d'aspect. Après Orbetello et en ap-

prochant de Civita-Vecchia, le paysage
prend de plus en plus cet air déser-
tique et désolé qui caractérise ce que
l'on appelle la « Campagne romaine »
et qui est vraiment sans analogue. Ni
notre Sologne, ni même nos dunes des
Landes n'en peuvent donner une idée.
Le sol blanc est couvert d'une herbe
jaunie, que paissent des troupeaux de
bœufs blancs aux longues cornes.
Des routes blanches et défoncées où
passent de rares chariots attelés de
mules, tristes attelages couverts de
poussière. Peu ou point de villages. Au
loin, à gauche, blottie comme dans un
nid, une ville apparaît blanche, ceinte
de murailles flanquées de tours :
c'est Viterbe. A cette distance et en
comparaison de ce qui se passe près
de nous, sous nos yeux, cela semble
un paradis.

Après Civita-Vecchia, on aperçoit
le port rempli de navires dont le
nombre semble indiquer un fort mouvement commercial, la ligne court
tout droit dans une direction obli-
que, du Nord-Ouest au Sud-Est. Puis
laissant sur la droite l'embouchure du
Tibre, elle décrit une courbe vers le

Nord : l'œil du voyageur cherche à deviner Ostie, l'ancien port de ravitaillement de Rome et que la mer, en se retirant, a comme rejeté dans les terres. La désolation se fait plus intense. Ce n'est plus de la terre ; ce n'est plus de la végétation : c'est une poussière qui recouvre tout comme d'un linceul. Une population, d'apparence famélique, de femmes et d'enfants, ceux-ci demi-nus, les yeux comme brûlants de fièvre, s'arrache les morceaux de pain et de jambon, les bouteilles à demi remplies de vin, les sous que nous leur jetons en passant.

Et, sans préparation, brusquement, inopinément, c'est Rome, la ville aux sept collines, ou du moins le faubourg de Rome qui s'appelle le Transtevère. Des voyageurs, familiers avec le paysage, nous désignent, sur la droite, la basilique de Saint-Paul hors les murs. Des groupes de ruines colossales se dressent tout près : c'est le Palatin, et, près de lui, l'Aventin...

Enfin, le train ralentit peu à peu sa marche ; il s'arrête : nous sommes arrivés ! Il est trois heures passées.

Un soupir, un cri de soulagement s'échappe de toutes les poitrines. En un clin d'œil, les compartiments du train sont vides, et nous nous précipitons vers les sorties, avides de voir, mais aspirant aussi à un bon bain de. venu indispensable.

A Rome

7 septembre. — Quelqu'un, pour peu qu'il ait reçu une notion même rudimentaire des choses du passé, a-t-il pu franchir pour la première fois les portes de Rome, fouler ce sol, formé de tant de ruines fameuses, sans ressentir une profonde émotion ? Pour ma part, humble voyageur, c'est le cœur battant que j'ai mis le pied dans « la Ville Eternelle ». Et cette émotion ne m'a pas quitté un instant au cours des trois journées et demie que j'ai séjourné à Rome avec nos camarades de la F. G. S. P. F.

Au sortir de la gare du Transtevère, nos jeunes gens sont accueillis par des acclamations que leur prodiguent les jeunes gens de patronages romains venus au-devant d'eux. Aux cris de : *Viva la Francia !* nos jeunes gens répondent, naïvement : *Viva l'Italia !* Ils ne s'aperçoivent pas de ce que ce cri, proféré par eux dans de pareilles circonstances, a de paradoxal !

Il avait été question de leur faire traverser la ville en corps, bannières déployées, tambours battant et clairons sonnant. Mais les autorités italiennes n'ont pas cru pouvoir se prêter à cette démonstration de la part d'étrangers venus pour rendre hommage au Pape. O politique anticléricale, voilà de tes coups ! Nos gymnastes gagnent donc leurs cantonnements de Ste-Marthe, du Vatican, séparément et par groupes. Pendant ce temps, nous nous dirigeons vers l'*hôtel de Milan*, sur la place du Monte-Citorio, face à la Chambre des députés.

Après les ablutions indispensables, nous sortons et notre première visite est pour la basilique de Saint-Pierre. La Rome papale domine, en effet, la Rome païenne et la Rome contemporaine de toute la grandeur de sa double importance matérielle et morale ; il est donc juste que ce soit à elle qu'aillent nos premiers hommages. Chemin faisant, nous entrons au Panthéon d'Agrippa, le monument le mieux conservé de la Rome des Césars, érigé par Agrippa, gendre d'Auguste, vingt-six ans avant l'ère chrétienne. Transformé, depuis, en église, sous l'invocation de la Vierge Marie, cet édifice renferme les tombeaux de Raphaël et ceux des rois d'Italie Victor-Emmanuel II et Humbert Ier. Les conquérants septentrionaux se sont ainsi installés, sans la moindre vergogne, partout où ils en ont trouvé la place libre. L'édifice, reconstruit par Hadrien et restauré par Antonin le Pieux, est un des spécimens les plus parfaits de l'architecture romaine qui a marié les portiques à colonnes d'origine grecque avec la coupole d'origine étrusque.

Nous gagnons les bords du Tibre à travers un quartier d'aspect sordide pour déboucher sur la rive gauche du fleuve, devant le pont de Saint-Ange. Autrefois, lorsqu'on traversait ce pont, dans la direction du château de Saint-Ange, ou Môle d'Hadrien, on devait avoir, sur la gauche, une fort belle vue de la basilique de Saint-Pierre ; l'édilité romaine d'aujourd'hui y a mis bon ordre. Elle a jeté, sur le Tibre, parallèlement au pont de Saint-Ange, une de ces horribles passerelles en fer qui font, au-dessus des ponts, comme de grandes grilles ; la belle

LA BASILIQUE DE SAINT-PIERRE

LA PLACE SAINT-PIERRE ET LE VATICAN

perspective qui devait exister là est donc supprimée. L'effet est désastreux. Si encore cela servait à quelque chose ! Mais non : on a gâché pour gâcher. Nous avons, en France, plus d'un exemple de ce genre d'embellissement.

Déboucher sur l'immense place encadrée d'une majestueuse colonnade elliptique, haute de trente mètres, qui précède la place paralléliptique au fond de laquelle se dressent la façade et le dôme de Saint-Pierre, est une des sensations d'art les plus puissantes que l'on puisse éprouver. Elle n'est surpassée que par celle que produit la vue intérieure de ce splendide édifice, vraiment sans rival dans tous les temps et dans tous les pays. Les proportions en sont si heureusement combinées que l'on se rend à peine compte des dimensions colossales de l'ensemble. Quant à la somptuosité des détails, la richesse et la profusion de l'ornementation, elles sont vraiment prodigieuses, distribuées qu'elles ont été avec une mesure vraiment merveilleuse. Sans doute, il n'y faudrait pas chercher l'impression austère de

nos cathédrales gothiques, ni l'humilité des églises de l'époque romane
comme écrasées sous le poids de la
croix. C'est, au contraire, la foi triomphante, exultante, célébrant la gloire
de Dieu. C'est un Hosannah de marbre et d'or. La lumière pénètre à flots
sous cette coupole qui s'élève à près
de 150 mètres du sol, supportée par
quatre énormes piliers reliés entre
eux par des voûtes de quarante mètres de hauteur et trente mètres de
portée. A plus de quarante-sept mètres
du pavage, on lit distinctement à la
base de la coupole la fameuse inscription : *Tu es Petrus et super hanc pe-
tram ædificabo ecclesiam meam*, qui,
par une heureuse adaptation, indique
si bien la destination de l'édifice.

Rien ne se peut voir de plus beau,
de plus émouvant, de plus noblement
expressif que ce splendide édifice.
Dire tout ce qu'il renferme de richesses artistiques de toute nature : mau-
solées des papes, en marbres de
toutes couleurs, statues colossales, tableaux magnifiques, mosaïques mer-
veilleuses d'éclat, serait impossible.
C'est à peine si deux ou trois visites

successives nous ont permis d'en apercevoir une partie. Aussi est-ce l'impression générale que nous essayons de rendre, sans y parvenir : nous le sentons bien.

Cette première journée se termina, pour nous, par une visite faite à pied au Colisée, la nuit, au clair de lune. Ce fut encore une de ces impressions qui laissent dans l'esprit des traces ineffaçables et que le langage humain ne peut traduire. L'immense édifice elliptique se dresse à plus de 50 mètres de hauteur, sur 527 mètres de circonférence extérieure, projetant sur la place qui l'entoure l'ombre gigantesque de ses quatre étages d'arcades encadrées de belles colonnes. Rien ne peut donner une idée de ce spectacle et c'est vraiment en frémissant d'une sorte de terreur que nous pénétrons dans l'intérieur, que nous foulons cette immense arène où, jadis, les chrétiens, jetés aux bêtes, offrirent à plus de cent mille spectateurs ivres de sang le formidable et singulièrement fécond spectacle de leur martyre. C'est, dans l'horreur, ce que l'histoire de l'humanité offre de plus grandiosement tragique. On sort de là écrasé. C'est à grand peine que nous regagnons notre logis en tramway.

Que si vous voulez savoir, parmi ces édifices colossaux, se faisant pendant l'un à l'autre, l'un debout dans toute sa splendeur triomphante, l'autre semblable à un monstre éventré, ce qu'ils ont coûté, quels souverains y ont attaché leurs noms, demandez-le aux monographies, aux guides qui abondent en renseignements sur ce sujet et pourront vous renseigner à souhait. Nous ne vous dirons pas la part que, dans la basilique de Saint-Pierre, il faut faire à Michel-Ange ni celle qui revient au Bernin ; ni par quel empereur fut édifié ce formidable vaisseau destiné à fournir au peuple dégénéré les spectacles dont il était avide ; ce sont nos impressions que nous vous avons promises ; et nous vous les donnons, encore chaudes, vibrantes, sincères, fidèles, indépendantes des notions techniques qui n'ajoutent rien à l'émotion, n'y sont même pour rien. Entre le Colisée qui fut comme le berceau sanglant du christianisme et la basilique de Saint-

Pierre qui en est l'apothéose, l'antithèse est frappante, le contraste expressif au suprême degré : nous l'avons vivement ressenti.

8 *septembre.* — La matinée de cette seconde journée est employée par nous à la visite de Saint-Paul hors les murs, l'une des quatre basiliques qui, avec Saint-Pierre, Saint-Jean-de-Latran et Ste-Marie-Majeure, ont une « porte sainte » ne s'ouvrant qu'au Jubilé. Elle est, comme son nom l'indique, hors de l'enceinte qui, construite en 852 par le Pape Léon IV, forme une ligne brisée d'environ 30 kilomètres, percée de douze portes. Celle par laquelle nous sortons pour nous rendre à la basilique de Saint-Paul s'ouvre aux pieds du mont Testacio, ainsi nommé parce qu'il est entièrement composé de tessons de poterie. Adossée à la muraille d'enceinte, une pyramide, sur laquelle est inscrit le nom de Caius Sextius, est le tombeau d'un financier du temps d'Auguste. Un peu plus loin, à gauche, une petite chapelle marque l'endroit où saint Pierre et saint Paul se firent leurs adieux.

Bâtie sur l'emplacement de l'ancien

cimetière où l'apôtre saint Paul avait
été enseveli, détruite en 1823 par
un incendie, la basilique fut recons-
truite par le pape Léon XII. C'est assez
dire qu'elle est toute neuve. A l'excep-
tion, en effet, de quelques parties touchant au cloître, qui ont conservé des
traces du monument primitif, et où
se voient encore de belles peintures à
fresques des XII° et XIII° siècles,
tout est flambant neuf. La basilique est un long quadrilatère di-
visé en cinq nefs, par deux rangées
de 40 colonnes, supportant un plafond
en bois, à caissons, richement sculpté
et doré. Sur la frise de la nef centrale
une série de portraits des Papes, en
mosaïque. Comme toutes les églises
de Rome, celle-ci contient un grand
nombre de reliques. Dans le maître
autel, sont conservés la moitié des
corps de saint Paul et de saint Pierre.
L'ensemble est imposant et fait honneur à l'architecte. Mais ce qui, à notre humble avis, mérite principalement l'admiration du visiteur, c'est le
cloître, datant du XIII° siècle et qui
constitue un spécimen tout à fait remarquable de l'architecture monasti-

que de cette époque. Formé de colonnes torses alternant avec des colonnes cannelées, ce cloître, qui rappelle beaucoup celui du mont Saint-Michel, porte la trace de déprédations systématiquement pratiquées. Toutes les mosaïques qui garnissaient les parties creuses des colonnes ont été impitoyablement arrachées. Les gardiens attribuent, nous ne savons pourquoi, ces déprédations aux soldats français. C'est, d'ailleurs, la seule trace que nous ayons trouvée de l'occupation de Rome par nos troupes. Un mercantilisme agaçant, installé jusque dans les sacristies, trouble fâcheusement les visiteurs. Nous sommes loin de la majestueuse tranquillité de Saint-Pierre.

A quelque distance de la basilique s'élève une petite église datant du XVIe siècle et sur l'emplacement de laquelle la légende rapporte que la tête de saint Paul, tranchée par le bourreau, rebondit trois fois, faisant, à chaque bond, jaillir une source.

Cette longue visite absorba la matinée de cette journée. Nous consacrons l'après-midi à compléter cette tournée par la visite de la basilique de Saint-

Jean-de-Latran et celle de Sainte-Marie-Majeure. A Saint-Pierre de Rome,
le Pape est souverain pontife ; à Saint-
Jean-de-Latran, il est évêque de Rome.
Fondée par l'empereur Constantin,
cette basilique subsista dans son état
primitif pendant près de dix siècles.
Détruite par un incendie en 1360, plusieurs papes travaillèrent à la recons-
truire telle qu'elle est aujourd'hui.
C'est un bel édifice. La façade en est
très remarquable. A l'intérieur, une
statue colossale de l'empereur Constantin provenant, dit-on, des thermes
de cet empereur. A l'entrée, une statue d'Henri IV. On sait, en effet, que
depuis le règne d'Henri IV, les rois de
France jouissent du privilège de posséder une stalle dans le chœur de cette
basilique. En sa qualité de successeur
d'Henri IV, M. Fallières reste titulaire
de cette stalle. Il est peu probable qu'il
l'occupe jamais.

Saint-Jean-de-Latran a son cloître
comme Saint-Paul hors des murs. Il
date de la même époque et il est exé-
cuté dans le même style. On y montre
une colonne du temple de Salomon,
un fragment de la margelle du puits

de la Samaritaine et un morceau de la table de la Cène. Nous n'oserions pas garantir l'authenticité de ces reliques.

Une des curiosités de la basilique est la porte en bronze dont un sacristain, en l'ouvrant et en la fermant, tire une suite de sons plus ou moins musicaux.

A côté de la basilique s'élève le Baptistère de Constantin, magnifique spécimen de l'architecture de la Renaissance, élevé sur l'emplacement du baptistère où l'empereur Constantin reçut le baptême. C'est à côté de ce baptistère que se trouve l'édifice contenant la Scala Santa, c'est-à-dire l'escalier formé de vingt-huit marches en marbre blanc veiné de bleu que l'on dit être celui que Jésus monta et descendit plusieurs fois, dans le palais de Pilate, à Jérusalem, le jour de sa Passion. Les pénitents gravissent cet escalier à genoux. Au haut de l'escalier, dans une belle chapelle, on voit une ancienne peinture de style byzantin qui représente le Christ à douze ans et qui passe pour avoir été peinte par saint Luc et achevée par les anges.

Il y a encore beaucoup d'autres choses à voir à Saint-Jean-de-Latran, notamment le musée qui renferme de remarquables peintures. Mais le temps presse, et nous devons encore visiter aujourd'hui la basilique de Sainte-Marie-Majeure.

Pour nous y rendre nous suivons une rue toute droite bordée de constructions neuves, la Rome contemporaine ; nous coupons la Via delle Statuto, la place Victor-Emmanuel, sur laquelle s'élève un des innombrables châteaux d'eau de Rome.

Sainte-Marie-Majeure est, certainement, après Saint-Pierre, la plus belle église de Rome. La légende rapporte qu'elle fut construite en 362 sur l'emplacement où apparut, un jour, bien que l'on fût en plein mois d'août, de la neige fraîchement tombée, fait considéré comme absolument miraculeux. Deux coupoles latérales et un clocher quadrangulaire surmontent la façade. L'intérieur est magnifique. On y remarque, notamment, la chapelle des Borghèse, toute en porphyre et en or. Une description même sommaire de cette église nous entraînerait trop loin ; qu'il nous suffise de dire qu'on y a associé de la façon la plus heu-

reuse le style roman et celui de la Renaissance. C'était jour de la fête de la
Vierge ; des hommes du peuple, des
femmes, des enfants, vêtus du costume italien, — les seuls que nous
ayons vus — flânaient sur les marches
de l'église, les uns couchés tout de
leur long et dormant la figure dans
leurs bras croisés ; les autres devi-
sant entre eux, assis sur leurs talons...
A l'intérieur, peu de monde, quoi-
qu'on chantât vêpres. C'est, d'ailleurs,
une remarque que nous avons cru
faire au cours de nos visites dans les
églises de Rome que le peu de monde
qui assiste aux offices. La piété italienne ne se prodigue pas extérieure-
ment.

Cependant, la soirée s'avançant,
nous gagnons au plus tôt la villa Borghèse, à laquelle tout voyageur à
Rome doit une visite, et du haut de
laquelle nous comptions avoir un
coup d'œil d'ensemble sur la ville
« aux Sept Collines », qui, soit dit en
passant, sont au nombre de onze. Nous
y subissons une déception résultant
du manque d'entretien dans lequel
cette belle promenade, le Bois de Bou-

logne de Rome, est abandonnée. La villa renferme un musée célèbre ; mais il est fermé, comme beaucoup d'autres, en cette saison. Le temps nous manqua pour monter au Pincio ; mais nous eûmes, en compensation, la bonne fortune de pouvoir visiter la villa Médicis, où est établie l'Académie française de Rome. Un lauréat du concours du prix de Rome en architecture, M. Lefèvre, eut l'amabilité de nous faire visiter lui-même l'intérieur de la villa. Du haut du balcon de la salle à manger, sur les murs de laquelle sont peints à l'huile les portraits des élèves de l'Académie, on a, sur Rome, une vue panoramique splendide. Sous les rayons rougeâtres du soleil couchant, la Ville Eternelle nous apparaît comme ceinte d'une auréole de mélancolique grandeur...

Nous regagnons le centre de la ville par le Corso, longue et étroite rue où se concentre tout le mouvement mondain de la Rome moderne (1).

_____

(1) A huit heures du soir, il y a concert sur la place Colonna. L'orchestre, installé sur une estrade en amphithéâtre, aux pieds de la colonne Antonine, exécute, de huit à onze heu-

LES SOCIÉTÉS DE GYMNASTIQUE SORTANT DE SAINT-PIERRE DE BESANÇON
APRÈS LE SERVICE

EN ROUTE ? EN GARE DE ...

9 septembre. — Aujourd'hui dimanche, messe à Saint-Louis des Français
la seule église de Rome où il y ait
des chaises ; et encore n'y en a-t-il pas
pour tous les assistants. C'est la parois-
se des Français résidant à Rome. Elle
s'élève non loin du Panthéon d'Agrippa, et fut bâtie, en 1589, par della Porta.. Elle renferme de belles peintures
du Dominiquin, de Tibaldi, de Cara-
vage, et un monument élevé à la mé-

res, devant un public attentif, le programme
suivant que nous reproduisons pour les personnes curieuses de savoir où en est le goût
musical à Rome.

Marche de l'opéra **Carmen** (Bizet).

Fantaisie sur l'opéra **La Vestale** (Spontini).

Andante et saltarello de la **Symphonie romaine** (Mendelssohn).

Divertissement de **Guillaume Tell** (Rossini).

Marche funèbre du **Crépuscule des Dieux**
(Wagner).

Fantaisie sur l'opéra **Harold** (Verdi).

Programme éclectique, on le voit, mais qui
ne manque pas d'intérêt. L'exécution est soi-
gnée, quoique les mouvements soient tellement
fantaisistes que la composition en est parfois
défigurée au point de la rendre méconnaissa-
ble. Les solistes sont généralement remarquables ; mais les cuivres dominent trop dans
l'ensemble et l'on peut leur reprocher des so-
norités trop vibrantes.

moire des soldats français morts au siège de Rome en 1849. Nos jeunes gens y ont entendu dévotement la messe ; plusieurs y ont reçu la communion. Ils y chantèrent « Sauvez Rome et la « France au nom du Sacré-Cœur ! » Et ce ne fut peut-être pas un des incidents les moins impressionnants de cette journée que le spectacle de ces jeunes gens venus de France implorant en leur langue maternelle, le Sacré-Cœur de Jésus en faveur de Rome !

Au sortir de la messe à Saint-Louis des Français, nos jeunes gens n'eurent que le temps de regagner leur cantonnement de Ste-Marthe, pour, de là, se rendre au Vatican, où ils devaient avoir l'honneur d'être reçus, bénis et harangués par le Pape. C'est la grande journée !

Le Pape

On a peine à se rendre compte, à
moins de l'avoir vu, de ce qu'est cet
immense palais du Vatican où le Souverain Pontife est aujourd'hui séquestré
et qui, avec les jardins y attenant et la
basilique de Saint-Pierre, forme le
domaine dont la jouissance exclusive
est attribuée au Saint-Père par la loi
dite « des garanties ». C'est une immense construction de trois étages,
renfermant, dit-on, trois mille chambres, sur lesquelles trois ou quatre
sont consacrées à l'usage personnel
du Pape. Le reste est affecté aux appartements de réception, à la bibliothèque, aux galeries artistiques, enfin
au logement de la petite garnison de
gardes suisses et de carabiniers, seule
force armée dont dispose aujourd'hui
le Saint-Père. On y accède, soit par
une longue rampe qui longe la nef et
l'abside de la basilique, soit par une
porte, dite « porte de bronze », qui
s'ouvre sous le côté Nord de la colonnade de la place Saint-Pierre. C'est par
la rampe que nous pénétrons, à la

suite de nos gymnastes, dans la cour
dite de Saint-Damase, où s'effectue une
répétition générale des exercices qui
seront, dans l'après-midi, exécutés en
présence du Saint-Père. Cette répétition terminée, nous pénétrons, bannières et drapeaux déployés, dans le palais proprement dit, par un escalier à
pente extrêmement douce qui mène à
une galerie vitrée, une des « loges » de
Raphaël, prenant lumière sur le côté
Ouest de la cour Saint-Damase, et com-
muniquant avec les appartements
privés de Sa Sainteté. Placés sur deux
rangs, nous attendons le Saint-Père
qui doit, avant de nous recevoir dans
la salle du trône, nous passer, en quelque sorte, en revue. Nos regards avides
d'une curiosité respectueuse se fixent
sur la porte par où il va paraître. At-
tente de courte durée, d'ailleurs.

Précédé de quelques camériers, entouré de gardes nobles aux casques
surmontés de crinières de crin noir,
entre deux haies de gardes suisses aux
costumes bariolés, dessinés par Michel-
Ange, et qui font si bien dans ses tableaux, — modeste cortège d'ailleurs :
le moindre de nos ministres éphémères

en déploie de plus encombrants dans ses déplacements officiels — le Pape paraît au fond de la galerie. Il est en soutane blanche, la tête couverte d'une calotte de même couleur ; deux cardinaux l'accompagnent. Nous nous agenouillons ; il s'avance lentement, la tête légèrement inclinée sur l'épaule droite, la main portant l'anneau pastoral tendue vers chacun de nous. Et c'est avec une réelle vénération filiale que nous portons cette main à nos lèvres, que nous baisons l'anneau pastoral... Et nous songeons.

Nous songeons que nous sommes en présence de la plus haute autorité morale qui existe. Dépouillé de toute puissance temporelle, le Pape exerce, pourtant, sur les âmes une véritable souveraineté. Prosternés aux pieds du chef de l'Eglise catholique, nous ne perdons rien de notre dignité personnelle, car cet hommage s'adresse non à l'homme, mais à la grande idée chrétienne, à l'autorité morale qu'il incarne. Et cela nous remplit d'un respect que nulle autre autorité ne saurait nous inspirer.

L'homme, dans la personne du

Pape Pie X, est irrésistiblement sympathique. Ses traits, son sourire sont empreints d'une grande bonté. Il n'a pas le regard dominateur, mais bienveillant. On a dit de Pie X que ç'était un simple. Vainement on chercherait sur ses traits les traces de cette rouerie qu'à tort ou à raison on prête aux Italiens et sur laquelle nos machiavels comptaient pour les tirer du guêpier où ils se sont si imprudemment fourvoyés. C'est un simple ; et nous oserons ajouter un modeste. Rien dans son attitude, dans son langage, ne décèle l'orgueil de la Souveraineté ou seulement l'infatuation. Toute sa personne respire plutôt l'humilité et comme une sorte de crainte de se voir au sommet de la hiérarchie catholique. Cette modestie, visiblement tempérée par la foi dans laquelle il puise la fermeté et la confiance nécessaires à l'accomplissement de sa mission apostolique, est peut-être le trait dominant de sa physionomie, celui qui lui conquiert à première vue tous les cœurs.

Cependant le Pape a terminé cette sorte de revue ; il se retire dans une pièce de ses appartements réservés,

pendant que nous pénétrons dans une
vaste salle où un trône, disposé sous
un haut baldaquin, attend le Souverain
Pontife. Bannières déployées, nos
gymnastes prennent place à droite et
à gauche du trône ; le Pape, accompagné du même cortège, vient s'y as-
seoir. A une courte allocution que
lui adresse, en français, M. Michaux,
directeur de la F. G. S. P. F., et dans
laquelle, après avoir défini le caractère et le but hautement moral des
patronages, M. Michaux se fait l'organe des catholiques français pour assurer le Pape de leur attachement filial,
Pie X répond par un discours pronon-
cé en italien et que termine une péro-
raison en langue française. Le langage du Souverain Pontife est d'une
grande simplicité, sans la moindre
emphase ni rhétorique. Il encourage
les patronages de gymnastique, faisant ressortir l'utilité des exercices
physiques pour développer l'énergie
physique, condition sinon indispensable, du moins fort utile de l'énergie
morale. Les journaux ont prêté au
Saint-Père, en cette circonstance, un
langage agressif contre le gouverne-

ment français qu'il n'a pas tenu et qui eût, d'ailleurs, été aussi déplacé que peu conforme à son caractère.

Ce qui est vrai, c'est qu'en terminant son discours, le Saint-Père fit le geste de porter à sa bouche les plis du drapeau de la Fédération, geste touchant, où s'affirmaient toute la bonté de son cœur et sa réelle affection pour la France.

Longtemps les murs de la salle où se passait cette scène inoubliable retentirent des cris cent fois répétés par toutes les bouches de « Vive Pie X ! « Vive le Pape ! » Avant de se retirer, le Pape voulut bien nous bénir.

Dans l'après-midi de ce même jour, eut lieu, dans la cour de Saint-Damase, en présence du Pape, le concours de gymnastique, but et couronnement de ce mémorable voyage. Le journal « LES JEUNES », organe de la Fédération, a rendu compte de cette séance : nous y renvoyons nos lecteurs, nous bornant à constater que le Souverain Pontife y prit le plus vif intérêt et qu'il en complimenta fort, et M. Michaux, président de la Fédération, et M. Simon, l'organisateur de ce pèlerinage d'un

nouveau genre, dont le succès est dû
tant à son initiative qu'aux soins at-
tentifs et dévoués qu'il a apportés à
son accomplissement. D'ailleurs, le
Saint-Père a tenu à en témoigner sa
satisfaction en accordant la croix de
chevalier de Saint-Sylvestre à M. Simon et en promouvant M. le Dr Michaux au grade de commandeur de
Saint-Grégoire.

Nous ne saurions dire, pour notre
compte, combien nous avons été heureux et fiers du spectacle réconfortant
qu'a donné, en cette circonstance,
notre jeunesse française ; les journaux
italiens eux-mêmes ont rendu témoi-
gnage de la parfaite tenue de nos jeunes gens. L'excellente impression
qu'elle a produite contribuera, nous
n'en doutons pas, à maintenir le prestige du nom français dans ce pays où
il a déjà tant d'autres titres à la consi-
dération et à la reconnaissance publi-
ques.

La Rome antique

Il nous restait quelques heures, après
la réception du Pape au Vatican. Nous
voulions les utiliser pour prendre une
notion, au moins superficielle, de la
Rome antique. Du mont Palatin, où se
voient encore les vestiges de la Rome
primitive dont la charrue de Romu-
lus traça l'enceinte, au Pincio, d'une
part, et au Vatican, de l'autre, sur la
rive gauche du Tibre, sont disséminés,
en quantité innombrable, les témoins
éloquents, pour qui sait les compren-
dre, d'une histoire dont aucune autre
n'égale l'intérêt et la grandeur. Aux
pieds du mont Capitolin, dans une
dépression de terrain qui se creuse
entre le Palatin et le mont Esquilin,
s'élève encore aujourd'hui un groupe
de ruines imposantes. C'est le « Forum
romanum » (1), c'est-à-dire la place

(1) Le mot **forum** signifie « dehors ». Dans
toutes les villes de l'antiquité, tant en Europe
qu'en Asie, l'accès des villes était interdit aux
étrangers ; c'est sur un emplacement situé
aux portes de la ville que se faisaient les

couverte d'édifices religieux, traversée
par « la voie sacrée », où pendant dix
siècles se traitèrent les affaires publi-
ques de la grande République, et, par
contrecoup, celles du monde entier ;
où se déroulèrent les divers épisodes
de la lutte, cinq ou six fois séculaire,
entre l'aristocratie et la démocratie romaines, lutte qui aboutit finalement
au césarisme, et, par voie de consé-
quence, à la décadence, à la chute de
l'empire romain.

Comment n'être pas ému en foulant

échanges entre les habitants et les étrangers
qui l'approvisionnaient. Telle était l'Agora
aux pieds de l'Acropole. Le forum romain
fut donc, à l'origine, la place du marché ;
peu à peu, la population augmentant et la
place manquant à l'intérieur des villes, le forum, l'Agora changèrent de destination ; ils
devinrent la place publique où les citoyens se
réunissaient pour traiter de leurs affaires com-
merciales, civiles et politiques. On y dressa
des tribunes pour servir aux orateurs ; des
édifices, des portiques, pour abriter les dé-
sœuvrés et les plaideurs qui venaient y sou-
tenir eux-mêmes leurs procès. C'est ainsi que,
peu à peu, la vie civile et politique envahit le
forum devenu le centre de la ville. Mais l'origine est bien celle que nous indiquons : notre
vieux mot de **foire** en témoigne surabondam-
ment.

ce sol quasi sacré ? Durant des siècles,
cependant, ce sol fut recouvert ; c'est
tout au plus si les Romains eux-mêmes
avaient conservé le souvenir de la
place qu'avait occupée, dans leur histoire, ce qu'ils appelaient le « campo
vaccino », c'est-à-dire le « champ des
vaches ». Car, sur les ruines du
forum, l'herbe avait poussé et les Romains dégénérés y menaient paître
leurs bestiaux !

Un jour vint, cependant, où, avec le
souvenir des choses du passé, s'éveilla
la curiosité d'en retrouver les témoins;
le forum fut fouillé, dégagé des décombres qui le recouvraient. Et c'est
ainsi qu'il s'offre aujourd'hui, mystérieux encore, énigmatique, pour la
plupart, mais impressionnant tout de
même pour tous. Sur une longueur
d'à peine six cent cinquante mètres,
de l'Arc de Titus, à l'Est, aux pieds du
Capitole, à l'Ouest, et sur une largeur
qui ne dépasse pas deux cents mètres,
le sol est couvert de ruines dont l'énumération seule serait interminable et,
par conséquent, la description, même
sommaire, impossible ici. Un sentier
tortueux, qui n'a pas trois mètres dans

FORUM ROMAIN / VUE D'ENSEMBLE DE L'EST À L'OUEST

FORUM ROMAIN : LE TEMPLE DE SATURNE
VU DE L'EST

FORUM ROMAIN, DU CÔTÉ DE L'EST. — AU FOND, LE TEMPLE DE ROMA;
LA BASILIQUE ÉMILIENNE. — AU DEVANT ET SUR LA TERRASSE,
L'ARC DE CONSTANTIN. — LE PALATIN.

SARCOPHAGE CHRÉTIEN DU IVe SIÈCLE. — LA RÉSURRECTION DE LAZARE.

sa plus grande largeur, serpente à travers ces ruines, pavé de dalles noires:
C'est la *via sacra*. Les huit colonnes
encore debout du Temple de Saturne,
le portique des « Dieux conserva-
teurs », les colonnes tronquées de la
basilique Julia, élevée par Jules César;
les trois colonnes du temple dit de
Castor et Pollux, la colonne de Phocas,
les trois arcs debout et presque intacts
dans leur grâce imposante de Septime-
Sévère, de Titus et de Constantin, le plus rapproché du Colisée ;
les voûtes majestueuses de la Basilique
de Constantin, les constructions massives de la « Maison des Vestales », le
portique du temple d'Antonin et de
Faustine émergent, au premier coup
d'œil, de ce chaos. Mais, à l'examen
même rapide des ruines, d'autres souvenirs se précisent. Ce petit bassin
carré où coule un mince filet d'eau,
c'est le *lacus Juturnæ* dont les
habitants de la Rome primitive bu-
vaient déjà dévotement l'eau réputée
miraculeuse. A quelques pas, ce sou-
bassement circulaire qui trace sur le
sol le plan d'un édicule dont il ne reste
plus rien, c'est, disent les savants, le

Sacrarium du feu, l'autel sur lequel les Vestales entretenaient, au péril de leur vie, le feu sacré. Ces quelques pierres où l'on a peine à distinguer une forme quelconque, ce sont les vestiges méconnaissables de l'antique *Regia*, c'est-à-dire du palais du roi Numa Pompilius, qui servit plus tard de résidence officielle aux grands pontifes et dans lequel Jules César passa la nuit qui précéda le jour de sa mort tragique !

C'est là, aux pieds du Capitole, que se trouvait aussi le *Tabularium*, c'est-à-dire le mur sur lequel s'inscrivaient, se promulguaient les lois de l'Etat, sous les initiales S. P. Q. R. (*Senatus populus que romanus*) qui, en une formule majestueusement concise, résumaient la charte romaine fondée sur le partage du pouvoir entre le Sénat et le peuple.

Cet amas de décombres confus marque l'emplacement de l'édifice, plusieurs fois détruit et plusieurs fois rebâti, où les Pères conscrits se réunissaient, sous la présidence des Consuls, pour discuter et régler les affaires de la République. C'est

là que, sur leurs chaises curules,
les sénateurs, après la prise de Rome
par les Gaulois, furent massacrés par
nos ancêtres qu'avait attirés la réputation déjà lointaine de la richesse
de la cité romaine. Et c'est là encore
que, plusieurs siècles plus tard, le
vainqueur de ces mêmes Gaulois
tomba sous le poignard des conjurés
de Brutus. Quelques mètres plus loin,
un autre monceau de ruines est ce
qui reste du temple qu'Octave Auguste
fit ériger à la mémoire de son père
adoptif, à la place même où le cadavre
du dictateur assassiné avait été brûlé
par le peuple...

Et c'est ainsi que l'on peut suivre,
à la trace, sur le forum, l'histoire
prodigieuse de la République romaine.
La Rome républicaine tient en quelque
sorte tout entière dans le forum. La
Rome impériale rompt ces limites
sept fois séculaires ; elle gravit les collines avoisinantes et les couvre de
ses palais somptueux, de ses colonnes
triomphales, de ses riches villas où les
Mécène donnaient l'hospitalité aux
Horace, où les Sénèque lisaient leurs
œuvres philosophiques à leurs amis.

A quelques pas du forum antique, après avoir contourné le Capitole, d'imposantes ruines, celles de la basilique Ulpienne, marquent l'emplacement du forum de Trajan. A l'extrémité nord-est se dresse la colonne en marbre, haute de 42 mètres, au sommet de laquelle on monte par 182 marches taillées dans l'intérieur, érigée par Trajan à la gloire de ses campagnes contre les Daces. Des bas-reliefs en spirale, sculptés sur le fût de cette colonne, représentent les épisodes de ces campagnes qui reculèrent les bornes de l'empire romain au delà du Danube. Cette colonne a servi de modèle à notre colonne Vendôme, à Paris.

A la magnificence de ce trophée se mesure l'ampleur acquise par la puissance romaine depuis la mort de César. Plus loin, vers l'ouest, sur le Monte-Citorio, la place Colonna fut le forum d'Antonin. Une colonne, reproduisant celle de Trajan, perpétue le souvenir des victoires de Marc-Aurèle. Sur celle de Trajan, les papes ont fait poser la statue de saint Pierre ; au sommet de celle de Marc-Aurèle, ils

ont placé l'effigie de saint Paul. Re-
grettables anachronismes que rachète
insuffisamment l'intention. En s'avançant plus loin encore, vers le nord et
l'occident, on trouve d'autres vestiges
de la Rome des Césars, notamment le
Panthéon d'Agrippa, dont nous avons
déjà eu l'occasion de parler ; le portique d'Octavie ; les restes du forum de
Nerva, qu'on appelle aujourd'hui le
colonacc, le théâtre Marcellus et d'autres dont l'énumération serait trop
longue.

Mais c'est sur le mont Palatin qu'il
faut aller pour se rendre compte du
prodigieux développement de la Rome
antique sous les Césars. Avant de nous
y rendre, poussons cette porte qui
s'ouvre sous les marches de la basilique Julienne ; des profondeurs d'un
gouffre monte le bruit mystérieux
d'une eau courante. C'est la *cloaca
maxima*, autrement dit le grand égout
collecteur qui, après avoir traversé
obliquement le forum, conduit vers le
Tibre et y déverse, depuis vingt-quatre
siècles, les eaux polluées de la cité antique. C'est peut-être le plus vieil ouvrage romain. A côté et presqu'au-des-

sus de cet égout, deux souterrains
superposés, creusés et voûtés en forme
de cave, sont ce qui reste du *Carcer
Tullianum*, plus connu sous le nom
de prison Mamertine, prison construite par Servius Tullius. La tradi-
tion veut que dans ces cachots péri-
rent, victimes de leur infortune,
Jugurtha et Vercingétorix. Saint
Pierre y fut enchaîné et n'en
sortit que pour être crucifié, à
l'exemple de son divin Maître, sur le
mont Janicule. La légende ajoute que
saint Pierre fit jaillir, dans ce sombre
cachot, une source avec l'eau de laquelle il baptisa ses geôliers. Les traces
vénérables du christianisme naissant
dans la douleur se mêlent ainsi, à
chaque pas, aux hontes et aux magnificences de la civilisation païenne,
ajoutant l'émotion pieuse à l'intérêt
dramatique qu'excite l'histoire du
grand peuple à l'école duquel se sont
formés tous ceux qui jouissent aujour-
d'hui des bienfaits de la civilisation.

A deux pas de la Rome primitive, on
peut parcourir le palais de Caligula,
immense construction où l'on voit encore les restes d'un pont fantastique

que le despote avait jeté par dessus le
forum pour relier le Palatin au Capitole ; le palais de Domitien, qui l'é-
gale, s'il ne le surpasse, en grandeur ;
la maison de Livie, ou maison de Ti-
bère, restes admirablement conservés
d'une habitation princière ; le palais
d'Auguste, dont le christianisme fit
une basilique et qui conserve de belles
fresques (1) ; le Pedagogium, où lo-
gaient les pages d'Auguste ; le palais
de Septime-Sévère et, enfin, le Stade
de Domitien avec sa loge impériale,
imposante construction dont l'ampleur exprime éloquemment la ma-
jesté impériale romaine. La vie de ces
potentats semble avoir été partagée
entre les plaisirs du cirque et celui
des bains. En aucune ville du monde
on ne trouve autant de cirques ni au-

---

(1) C'est dans cet édifice, complètement dé-
blayé depuis peu de temps, et que le public
n'est pas encore admis à visiter, que se trouve
le beau sarcophage dont nous donnons ci-
joint la photographie. A en juger par le superbe bas-relief qui l'orne, ce sarcophage date
du second siècle de l'ère chrétienne. Nous
croyons qu'aucune reproduction n'en avait été
publiée jusqu'à ce jour.

tant de thermes. Ces constructions
sont, d'ailleurs, de briques, massives,
en galeries hautes, couvertes par des
voûtes en plein cintre, rappelant
l'architecture assyríenne dont elles
dérivent évidemment par l'intermé-
diaire des Etrusques.

Cela ne les a pas empêchées de tomber en ruines.

Sur leurs ruines, des jardins en
pente douce, où, malgré des défenses
souvent répétées, les enfants et les
femmes du peuple viennent cueil-
lir de maigres bouquets. D'une extrémité, surplombant une sorte de préci-
pice au fond duquel se dessine l'enceinte du *Circus maximus*, on a une
vue splendide sur les thermes de Caracalla, le mont Aventin, le Tibre, le
mont Janicule, et, au loin, sur la
droite, le Vatican et la basilique de
Saint-Pierre.

La nuit nous surprend et nous
chasse. Il nous faut redescendre pour
rentrer en ville. Chemin faisant, nous
nous arrêtons encore pour visiter l'é-
glise où les reliques de sainte Cécile et
de ses compagnons martyrs ont été
apportées des catacombes, pour y être

inhumées. Un bonhomme, qu'il faut aller chercher et qui ne se presse pas, nous fait descendre dans une crypte creusée sous le maître-autel, et dans laquelle se voit la statue moderne de sainte Cécile. Très richement décorée en faïence de Venise, cette crypte, éclairée à l'électricité, a été, nous dit le gardien, édifiée par le cardinal Rampolla...

En rentrant de cette longue et fatigante excursion, nous passons devant l'arc de Janus Quadrifrons, érigé à l'entrée du *forum boarium*, ou marché aux bœufs. Cet arc, formé d'une superposition de petites niches, servait, nous dit notre cocher, à un singulier usage. C'est là que se faisaient, sous forme d'effigies déposées dans lesdites niches, les publications de mariage... Nous donnons comme nous l'avons reçue, de cette source populaire, sans la contrôler, cette explication.

10 *septembre*. — La population de Rome est matineuse. De si bonne heure qu'on se lève, on la trouve sur pied, vaquant à ses petites affaires, active sans précipitation, calme et grave

comme on ne l'est nulle part ailleurs. Les rues sont balayées, propres, sans que l'on se soit aperçu de la façon dont ce résultat a été obtenu. Des lignes de tramways circulent dans tous les sens, sans préjudice des fiacres qui transportent les étrangers et qui trouvent moyen de passer par les rues sans trottoirs, les plus étroites et les plus populeuses, sans accrocher ni renverser personne. On sent que l'on se trouve dans la ville où chaque année, il n'y a pas encore longtemps, à l'occasion du Carnaval, on lâchait, dans le Corso, longue rue étroite qui traverse Rome de l'est à l'ouest, des troupeaux de chevaux libres, aiguillonnés à grands coups de fouet, au travers d'une population facilement contenue par de simples cordes tendues. Pareil divertissement ne serait possible nulle part ailleurs. La population romaine doit ignorer les douceurs problématiques du « passage à tabac ». La police s'y fait facilement, avec des égards dont la population se montre tout à fait digne par son empressement à se soumettre aux consignes, d'ailleurs peu rigoureuses. De

bonne heure, aussi, circulent dans les
rues, deux par deux, des carabiniers
tirés à quatre épingles, coiffés de bi-
cornes surmontés d'un haut plumet
rouge ; des bersagliers coiffés de casques ornés de plumes de coq retom-
bant coquettement sur la nuque jusqu'aux épaules. Ils s'admirent et ils
s'offrent, naïvement, à l'admiration
des autres...

Avec une exactitude exemplaire,
notre cocher de place vient, à six heures et demie, nous prendre à l'hôtel
pour nous conduire aux catacombes
de Saint-Calixte, où nous devons en-
tendre, dans la chapelle de sainte Cécile, une messe basse dite par un de
nos aimables compagnons de voyage,
M. l'abbé D..., de Bordeaux. C'est à
trois kilomètres de la ville, dans la
triste campagne romaine.

Par la place de Venise — sur l'un des
côtés de laquelle notre automédon
nous montre, non sans quelque orgueil, un amas de constructions massives qui doit devenir, assure-t-il, le
monument élevé à la gloire de Victor-
Emmanuel et coûtera vingt-cinq mil-
lions (argent qui pourrait être mieux

employé) — nous prenons le chemin
de la porte Saint-Sébastien.

Après avoir longé le Grand Cirque,
où a été installée l'usine à gaz, et les
thermes de Caracalla, nous passons
sous l'arc de Drusus (Germanicus),
construction dépourvue d'intérêt comme de valeur artistique, et nous gagnons, à l'extrémité sud-est de l'enceinte, la porte de Saint-Sébastien, ouvrage du moyen âge flanqué de deux
tours rondes assez bien conservées et
sous laquelle passe la fameuse voie
Appienne.

Une déception, cette voie Appienne.
Nous nous attendions à la trouver bordée de monuments ; nous n'y voyons,
en passant, qu'une inscription indi-
quant que, derrière un mur, se trouve
la sépulture des Scipions ; mais rien
de plus. A quelque cinq ou six cents
mètres de la porte Saint-Sébastien,
une petite église, dite du *Quo Vadis*,
marque l'emplacement où, suivant la
légende, saint Pierre, s'enfuyant de
Rome pour échapper au supplice,
rencontra Jésus-Christ et lui deman-
da : « Seigneur, où vas-tu ? » — Jésus
répondit : « A Rome, pour être cruci-

ARC DE TITUS

FORUM DE TRAJAN — COLONNE

L'ARC DE CONSTANTIN

LA MÉTA SUDANS DEVANT L'ARC DE TITUS

flé de nouveau ». Honteux de sa dé-
faillance, saint Pierre reprit le chemin de Rome et se livra à ses bour-
reaux. A l'intérieur de l'église, une
vieille femme, aux apparences de sor-
cière, montre, en tendant la main, un
morceau de marbre où se voit, en
effet, la trace très nette de deux pieds
dont le droit est un peu plus marqué
que le gauche...

Les catacombes forment, on le sait
sans doute, un dédale de souterrains larges à peine de quatre-
vingts centimètres, et où, de distance en distance, s'ouvrent des
chambres carrées qui, aux épo-
ques primitives du christianisme,
servirent de lieux de réunions aux
chrétiens. Rien n'est plus émouvant
pour nous que ces galeries sombres dans les parois desquelles s'ouvrent des niches oblongues garnies
de sarcophages. Lorsque, par la pensée, on se reporte aux magnificences
de Saint-Pierre et des cent cinquante
églises de Rome, on ne peut s'empê-
cher d'être frappé du contraste à la
fois cruel et réconfortant qu'offrent
ces riches édifices avec ces sombres

galeries. La foi chrétienne qui a germé dans ces profondeurs glacées, pour s'épanouir ensuite en si belles moissons, bravera toutes les persécutions ! Dans cet ensemble de galeries, dont l'étendue est évaluée à 500 kilomètres, les catacombes de Saint-Calixte passent pour les plus intéressantes.

Après avoir entendu la messe dans la chapelle de Sainte-Cécile où, à côté du portrait de la sainte, se trouve un portrait du pape saint Urbain, nous suivons le Frère trappiste chargé de nous guider dans la partie, relativement très restreinte, de ces catacombes que l'on peut visiter sans danger. Parvenus à une chambre où se trouve un beau sarcophage du IIIᵉ siècle, sur lequel est sculptée une scène du déluge, notre guide nous raconte, avec un enjouement surprenant en un pareil lieu, qu'interrogé par un visiteur sur le sexe de la colombe qui est figurée portant, dans son bec, le rameau d'olivier, il aurait répondu : « Cette colombe devait être du sexe masculin ; car, si elle eût été du sexe féminin, elle n'eût pu garder aussi longtemps, dans son bec, le rameau sauveur ». On le voit, le séjour des catacombes n'engendre pas que la mélancolie.

Nos jeunes gymnastes ont entendu la messe dite à leur intention par Mgr Colson, dans la « Crypte des Papes ». Cette édifiante et simple cérémonie s'est terminée par une très touchante allocution de l'officiant.

Nous aurions voulu pousser plus loin notre excursion sur la voie Appienne ; d'autant qu'à sept ou huit cents mètres à peine commence une série importante de sépultures antiques. La première est celle de Cécilia Metella, femme du chef d'état-major de Jules César dans sa campagne des Gaules. Là aussi est la sépulture de Sénèque. Mais nous devions être, à neuf heures, à l'ouverture des galeries du Vatican, et force nous fut de renoncer à cette partie de notre excursion : ce n'est, d'ailleurs, pas la seule déception que nous réservait cette trop courte journée.

A neuf heures et demie, nous sommes, en effet, au Vatican ; et, sous la conduite d'un fort obligeant cicerone, un Frère des écoles chrétiennes qui

habite Rome depuis longtemps et
pour qui la Ville Eternelle n'a pas de
secret, nous commençons la visite des
galeries. Nous voyons successivement
la Chapelle Sixtine, sur les parois et
la voûte de laquelle le génie de Michel-Ange s'est répandu en flots tu-
multueux ; les chambres et les loges
de Raphaël ; la galerie des tableaux
où Raphaël triomphe encore en compagnie du Pérugin, de Boticelli, de
Jules Romain, du Titien, du Pintu-
ricio, de Caravache et de tant d'autres. Nous admirons principalement
la Transfiguration, qui est réputée le
chef-d'œuvre de Raphaël et qui, en
effet, est le plus admirable tableau que
l'on puisse voir.

En présence de ces richesses, ac-
cumulées par la munificence des
Papes, nous ne pouvons nous dé-
fendre de penser que protéger les
arts, susciter le génie des peintres,
des sculpteurs, c'est encore honorer
Dieu. Les Papes ont été de cet avis.
Que de fois n'a-t-on pas dit, pour dé-
nigrer la religion, que la foi atrophie
l'intelligence ! Ce n'est pas au Vatican, devant ces splendeurs de l'art

chrétien, qu'un tel paradoxe pourrait être soutenu. La foi, associée au génie, non seulement ne lui enlève rien de sa force ni de son éclat, mais le fortifie, en quelque sorte, et en obtient des merveilles. Nous en avons la preuve sous les yeux.

Le musée, ou plutôt les musées du Vatican, sont les plus vastes et les plus riches du monde. Dans le musée des antiques nous jetons un coup d'œil hâtif sur les illustres spécimens de la statuaire antique, ravis à la Grèce par les conquérants romains et qui ont trouvé asile dans le Palais des Papes ; la Vénus de Phidias, l'Apollon dit du Belvédère, le Jupiter Capitolin ; le Groupe du Laocoon ; l'innombrable collection de bustes antiques, reproduisant les traits des personnages les plus importants de l'antiquité grecque et romaine ; épaves glorieuses d'un passé artistique auquel les modernes n'ont rien ajouté. Nous brûlons le musée Etrusque, le musée chrétien, la Pinacothèque, et c'est le cœur serré qu'il nous faut nous éloigner, sans avoir pu y pénétrer, de la Bibliothèque où d'inestimables trésors sont accumulés.

Un dédommagement nous est fourni par une courte visite aux ateliers de mosaïque, où des artistes émérites sont occupés à reproduire, au moyen de petits cubes d'émail, les chefs-d'œuvre de la peinture.

Cependant une porte, discrètement, s'ouvre devant nous, et nous voici dans les jardins du Vatican. Le Saint-Père, volontairement confiné dans le palais du Vatican, vient, souvent, sous ces épais ombrages, respirer le grand air et faire un peu d'exercice. La faveur qui nous est faite d'y pénétrer est toute spéciale, et nous en sentons le prix. Ces jardins ont remplacé ceux où Néron, l'impérial histrion, donna des fêtes qu'éclairaient, comme autant de torches vivantes, des chrétiens et des chrétiennes enduits de résine... Le calme, le recueillement y règnent aujourd'hui souverainement.

D'une terrasse à laquelle on parvient après un long parcours, on a une vue magnifique sur la basilique de Saint-Pierre et sur une partie de l'ancienne cité des Papes. Sur un tertre artificiel, une reproduction réduite de la grotte et de la basilique de Lourdes attire

nos regards. Léon XIII, qui avait, pour
Notre-Dame de Lourdes, une vénération toute particulière, a fait élever cet
ouvrage ; il aimait à y venir méditer
et prier. Il s'y rendait à pied ; comme
la promenade était longue pour son
âge, il avait fait aménager, tout près
de là, un pavillon où se voit encore la
chaise longue où il se reposait.

Avons-nous besoin de dire que c'est
avec un véritable chagrin que nous
nous arrachons à ces lieux si pleins.
pour nous, d'un pieux intérêt ? Mais le
temps presse, et c'est tout au plus s'il
nous laisse quelques heures pour nous
procurer une vue d'ensemble de Rome.
C'est à quoi nous employons notre
après-midi.

Une pointe vers la place de Trevi,
afin d'y jeter un coup d'œil sur la magnifique fontaine monumentale qui en
décore un des côtés ; une visite de
quelques minutes à la place d'Espagne
si originale et si pittoresque avec son
escalier conduisant à l'église de la Tri-
nité-des-Monts et sur les marches duquel se tient le marché aux fleurs ;
puis, revenant sur nos pas, une station
sur la place Navone qui occupe l'em-

placement d'un ancien cirque, le *cir-cus Agonalis* ou stade d'Alexandre-Sé-vère (d'autres disent de Domitien). Sur cette place, les papes Innocent X et Grégoire XIII ont élevé le groupe de fontaines le plus décoratif qui soit à Rome. Il se compose de trois fon-taines, dont celle du milieu, formée de statues colossales représentant le Gan-ge, le Nil, le Rio de la Plata et le Tibre, images des quatre parties du monde, supporte un magnifique obé-lisque égyptien (Rome possède une collection vraiment unique de ces mo-nolithes).

Les Papes n'ont construit ni cir-ques ni thermes ; mais ils prodi-guèrent les fontaines ; quatre des an-ciens aqueducs datant de la Rome des Césars, soigneusement entretenus, y amènent encore, de différents côtés, une quantité d'eau que l'on évalue à plus de 500 litres par habitant et par jour : soit, au total, 250,000 mètres cu-bes. Rome peut, on le voit, prétendre à être la ville la mieux pourvue du monde sous le rapport de l'eau. Et, chose remarquable, toute cette eau est potable !

Le point d'où l'on a, sur Rome, la
vue la plus étendue et la plus complète est le mont Janicule, qui s'avance,
comme une proue de navire, jusqu'au
centre de la ville, refoulant le Tibre
qui décrit, à ses pieds, une courbe
prononcée. C'est là que nous avons
résolu de nous transporter, afin d'y
avoir une vue d'ensemble de la ville
avec son cadre de verdoyantes collines
et de montagnes.

Franchissant le pont de Cavour,
non loin du mausolée d'Auguste qui
est, en proportions moindres, ce qu'est
le mausolée d'Hadrien ou château de
Saint-Ange, nous passons devant le
Palais de Justice, construction neuve
en voie d'achèvement et qui ressemble
à une cage à perroquets à laquelle
l'architecte se serait efforcé de donner
l'apparence d'une gare de chemin de
fer. Nous gagnons, à travers le Borgo,
la place Saint-Pierre, que nous traver-
sons, non sans payer un dernier hommage d'admiration à ce magnifique
ensemble, et nous commençons à gra-
vir la pente assez raide du Janicule.
Longeant les murs de la villa Barberini,
nous débouchons enfin sur le plateau

converti en promenade publique où se
dresse une statue équestre de Garibaldi. Nous sommes ici en plein théâtre
de la lutte dans laquelle, en 1849, plus
d'un millier de soldats français tombè-
rent, morts ou blessés, pour la défense du Saint-Siège menacé par la
Révolution.

La Révolution de 48, qui renversa le
trône de Louis-Philippe, s'était étendue à l'Europe entière ; en Italie, comme en Allemagne, à Rome comme à
Berlin, comme à Vienne, elle avait
donné le signal de l'anarchie. Le pape
Pie IX, dont les tendances libérales
n'étaient un mystère pour personne,
crut devoir aller au devant de la révolution qui se préparait en octroyant
aux sujets des Etats pontificaux une
constitution libérale. Il en fut mal ré-
compensé : la révolution, sous la conduite de Mazzini et de Garibaldi, éleva d'autant ses prétentions que le
Saint-Siège semblait moins résolu à la
résistance. Le premier ministre du
Pape, l'éminent comte Rossi, fut lâchement assassiné sur les marches
mêmes de la Chambre des députés. Le
Pape, qui n'était pas en sûreté à Rome,

fut contraint de se réfugier à Naples.
L'anarchie se déchaîna alors effrénée,
féroce. Une assemblée constituante
romaine, réunie en février 1849, pro-
nonça la déchéance du Pape comme
souverain temporel et proclama la République, avec un triumvirat composé
de ce qu'il y avait de plus exalté dans
le parti révolutionnaire. Rome devint
la proie de la démagogie jacobine.
Des visites domiciliaires, sous pré-
texte de s'assurer du civisme des habitants, portaient journellement la terreur dans les familles ; les riches
étaient mis en demeure de céder une
partie de leur fortune pour fournir
aux frais de l'entretien de l'armée insurrectionnelle ; des aventuriers étrangers se livraient à toutes les licences
imaginables : dévastation des proprié-
tés, dégradation et pillage des édifices
publics et privés, arrestations arbi-
traires, assassinats avaient fait de
Rome un enfer.

Cependant les puissances catholiques, l'Espagne, l'Autriche et le
royaume de Naples, considérant que,
capitale du monde chrétien, Rome,
enrichie des dons de la piété catholi-

que qui affluent, depuis des siècles, au siège du gouvernement de la catholicité, n'appartenait pas seulement aux Romains ; qu'il y avait péril pour la catholicité à l'abandonner à l'anarchie, avaient résolu de prendre les mesures nécessaires pour y rétablir le gouvernement légitime. L'Autriche, dont les armées venaient de repousser victorieusement, à Novare, l'agression des Piémontais, se montrait disposée à profiter de cette occasion pour étendre son influence dans les Etats du Pape. Le gouvernement de la République française, dont le prince Louis-Napoléon venait d'être nommé chef, vit le danger. Il proposa et obtint, de l'Assemblée nationale, qu'un corps d'armée de sept mille hommes fût envoyé à Rome pour maintenir notre influence en Italie et « garantir aux po-« pulations romaines les bienfaits « d'un gouvernement libéral ». Le commandement du corps expéditionnaire fut confié au général Oudinot ; et, le 21 avril, il s'embarquait à Toulon à destination de Civita-Vecchia où il arrivait le 25. Le 18, le corps expéditionnaire quittait Civita-Vecchia ; le

LES CATACOMBES DE SAINT-CALIXTE. — LES ARCOSS

LES CATACOMBES DE SAINT-CALIXTE. — L'ENTRÉE

lendemain, il se trouvait en vue de
Rome et ses avant-postes prenaient
position sur les hauteurs du mont Vatican, devant la Porta Pertuza.

L'armée française trouva la ville fer-
mée. Le drapeau rouge flottait sur
tous les forts et sur tous les édifices
publics. L'armée insurrectionnelle,
forte d'une trentaine de mille com-
battants, garnissait les fortifications
d'où elle faisait pleuvoir sur nos troupes une grêle de projectiles. Une première tentative d'assaut sur la Porta
Pertuza échoua. Le soir, le feu ayant
cessé de part et d'autre, les Romains
sortirent de la ville arborant un drapeau blanc. Le chef de bataillon Pi-
card, qui avait pris position, avec deux
cent cinquante hommes du 20ᵉ de
ligne, sur la hauteur où se trouve aujourd'hui la gare de Porta Cavallegieri,
crut qu'on lui envoyait des par-
lementaires. Il fit mettre la baïonnette
au fourreau et se laissa conduire, lui
et sa petite troupe, à l'intérieur de
l'enceinte. Il fut aussitôt entouré, dé-
sarmé et, au milieu d'injurieuses ma-
nifestations de joie, déclaré prisonnier
de guerre. Cette première journée

nous avait coûté une centaine de morts, deux cent cinquante blessés et autant de prisonniers, victimes de la perfidie italienne.

Nous ne raconterons pas les péripéties de ce siège qui se prolongea jusqu'au 3 juillet. Ce jour-là, le général Oudinot fit, à la tête des troupes françaises, son entrée dans Rome par la porte San-Pancrazio. Ce ne fut pas sans coup férir. C'était, en effet, le 3 juin que l'attaque avait commencé. D'abord la villa Pamphili, l'église Saint-Pancrace et la villa Valentini furent enlevées par les 16° et 25° régiments d'infanterie appartenant à la division Renaud. La villa Corsini, située au pied même de l'esplanade sur laquelle s'élève aujourd'hui la statue de Garibaldi, fut témoin d'un combat acharné. Défendue par Garibaldi en personne, elle fut prise, perdue et finalement reprise par nos troupes, non sans des pertes considérables. Le manque d'artillerie empêcha de poursuivre cette attaque qui ne fut reprise que le 21 juin. Du Tibre à la porte Cavallegieri, les hauteurs du Janicule étaient et sont encore couronnées

d'une série de quatorze bastions : huit
des rives du fleuve à la porte San-Pancrazio ; six de cette porte à la porte
Cavallegieri, aux pieds du mont Vatican. Le 21 juin, dans la nuit, les brè-
ches pratiquées dans les bastions du
centre ayant paru suffisantes, l'assaut
fut donné. Il réussit pleinement, mais
il ne rompit pas encore la résistance
des assiégés. Ce ne fut que le 29 que
les troupes françaises, sous le commandement du colonel Niel, parvin-
rent à s'établir dans la villa Savorelli
et à franchir l'enceinte d'Aurélien qui
formait là une seconde ligne de défense. Les assiégés, réfugiés dans les
maisons voisines, y firent résolument
la guerre des rues. Il fallut employer
le canon pour les déloger. Dans l'après-
midi, la place demandait à se rendre ;
mais Garibaldi s'était enfui avec ses
trois mille volontaires. Le 3 juillet,
l'armée française faisait son entrée
dans Rome, par la porte San-Pancrazio. Le 15 juillet, le pavillon ponti-
fical était hissé sur le château de Saint-
Ange.

La prise de Rome nous avait coûté
mille vingt-quatre hommes hors de

combat. Malgré la violence de la canonnade, les dégâts matériels furent insignifiants. Grâce à la prudence des officiers français, les édifices publics n'eurent pas à souffrir. Du côté des assiégés, il n'en fu tpas de même. Se voyant vaincues, les bandes garibaldiennes mirent à sac plusieurs villas et réduisirent en cendres plusieurs palais.

On nous pardonnera cette digression historique ; mais elle était nécessaire pour montrer de quel intérêt est, pour des Français, la visite de ces lieux si pleins encore des souvenirs qui, bien que datant à peine d'un demi-siècle, sont pourtant si oubliés.

Ce sont ces souvenirs que les Italiens, maîtres aujourd'hui, grâce à nos revers, de cette Rome qu'ils ont si longtemps convoitée, ont voulu perpétuer et honorer en dressant une statue à Garibaldi. Le célèbre condottiere est représenté à cheval, juché sur un haut piédestal dont les deux faces latérales sont décorées de groupes en haut relief représentant des scènes de combats. Si ces souvenirs sont, sous un certain rapport, honorables pour l'aventurier qui contribua si puissamment au triomphe de la politique spoliatrice de la maison de Savoie, on conviendra qu'ils le sont plus encore pour les Français qui combattirent avec tant d'abnégation pour la sauvegarde des intérêts catholiques. En foulant ce sol que les nôtres ont si généreusement arrosé de leur sang, nous avons sujet d'être fiers.

La vue de Rome que l'on a du mont Janicule, aux pieds de la statue de Garibaldi, est, nous l'avons dit, la plus étendue et la plus complète : Rome s'y montre dans son développement tout entier, depuis la coupole de Saint-Pierre, à gauche, jusqu'au Colysée et même au delà, à droite ; du Tibre aux jardins du Pincio et de la villa Borghèse à la porta Pia et à Saint-Laurent hors des murs. La quantité des coupoles, des tours, des clochers qui surgissent de tous les côtés défie toute énumération. Et lorsqu'on songe aux trésors d'art accumulés dans ces églises, dans ces palais, dont le moindre est à lui seul un musée, on a le sentiment qu'on se trouve devant quelque chose d'immense. Nous repaissons nos

yeux de ce spectacle dont la séduc-
tion remontera souvent à notre mémoire ; et ce n'est pas sans une réelle
mélancolie que nous nous y arrachons ; car de toutes ces beautés de-
vinées, plutôt que vues, nous compre-
nons que nous ne connaîtrons jamais
que la plus minime partie.

L'aspect général de Rome est plutôt
sombre. Ce n'est pas, comme on pourrait le croire, l'effet du temps, mais
bien celui de l'habitude à peu près générale, en Italie, de couvrir les façades
des habitations d'un badigeon rouge,
jaune ou bleu, qui, avec le temps,
prend des teintes orangées. Sous cette
lumière éclatante, c'est peut-être une
précaution qui n'est pas sans utilité
hygiénique pour la vue ; elle ne manque pas non plus d'esthétique ; on
peut s'en convaincre en regardant les
constructions nouvelles, telles que le
palais de justice, dont la blancheur,
même à distance, blesse la vue et ne
permet pas d'en distinguer les lignes.

Nous rentrons en ville par la villa
Savorelli et, franchissant l'enceinte
d'Aurélien, nous débouchons sur la
place où s'élève la fontaine Pauline,

par où pénètre dans Rome, pour arroser le quartier du Vatican, l'eau du lac Brucciano. Passant ensuite devant l'église San-Pietro in Montorio, nous y faisons une courte station pour voir le trou dans lequel, selon la légende, fut plantée la croix sur laquelle saint Pierre fut crucifié. Et nous nous engageons en plein quartier populaire du Transtevère, où l'on prétend que se sont réfugiés les seuls descendants authentiques des anciens Romains. Le fait est qu'une population au type spécial grouille dans ces rues étroites ; des groupes, sur les pas des portes, nous regardent passer en nous jetant un coup d'œil sévère. Les enfants eux-mêmes, qui mendient des *soldi* en faisant la roue autour de notre voiture pour séduire notre générosité, gardent imperturbablement leur sérieux. Qu'est-ce qui se cache derrière ce masque impassible ? Nous songeons instinctivement à notre vieux proverbe : Méfie-toi de l'eau qui dort ! Des boutiques d'épiceries et de fruits, où la pastèque rouge, débitée en tranches rondes, tend ses séductions aux passants ; beaucoup de dé-

bits de boissons, *becchierie*, avec, sur
les murs, peintes à même, des ensei-
gnes alléchantes de crus sans doute
renommés dans ce milieu populaire.
Pas d'ivrognes, pourtant ; mais des
chats, effrontément familiers, qui
viennent se jouer presque sous les
pieds des passants. D'où leur vient
tant d'audace ? C'est, apparemment,
qu'il n'y a pas de chiens. Nous ne
nous souvenons pas d'en avoir vu un
seul ; ils sont aussi rares dans
les rues de Rome que les ivrognes.
Quant aux mendiants, ils pullulent ;
mais ce n'est pas au Translevère
qu'on en voit le plus ni qu'ils sont le
plus importuns. Leur quartier général paraît être le Corso et la place Colonna.

Nous gagnons le quai du Tibre que
nous franchissons sur le pont Palatin,
d'où l'on a une vue pittoresque sur l'île
Tibérina, à laquelle les Romains se
sont efforcés de donner la forme d'un
navire ; puis, appuyant sur la droite,
nous jetons un coup d'œil sur la maison qu'habita, dit-on, le célèbre tribun
Colla Rienzi, qui, au moyen âge, tenta
de restaurer la République romaine

et que le peuple romain massacra lorsqu'il eut cessé de lui plaire. Sur le quai, toujours à droite, un édifice rond, entouré de belles colonnes corinthiennes canelées, passe pour avoir été un temple de Vesta ou du Soleil. Aujourd'hui, il est dédié à sainte Marie de Sole. Dans un angle, un édifice quadrangulaire, dont on fait remonter la construction à Numa Pompilius, est donné comme un temple de la Fortune virile. Il est aujourd'hui dédié à sainte Marie l'Egyptienne. Sur une petite place attenante, l'église Santa-Maria in Cosmedin, autrefois temple de Cérès, était, en cette qualité, affectée à la distribution du blé que les grands seigneurs romains fournissaient à leurs clients. En face, un grand masque de marbre à bouche béante s'appelle la Bouche de la Vérité (Bocca della Verita), parce que, disait-on, celui qui y introduisait le bras ne pouvait plus le retirer, s'il s'était rendu coupable d'un mensonge...

Par la rue Montanera, nous gagnons la place du même nom ; et de là le Capitole, dont il nous faut dire quelques mots.

Le mont Capitolin avait autrefois
deux cimes : sur l'une était la citadelle ; sur l'autre, le temple de Jupiter. Un bois de chênes descendait entre ces deux cimes. Le mont était à
pic du côté où on l'aborde aujourd'hui
par un escalier que gravissaient jadis
à genoux les triomphateurs ; du côté
du Forum, une pente abrupte permet-
tait cependant qu'on y accédât. L'aspect général était, paraît-il, sauvage et
terrible. C'était sur le Capitole qu'é-
tait le bois d'Asile qui fut le berceau
des brigands, futurs conquérants du
monde. Il s'appela d'abord « roche
Tarpéienne » en souvenir, raconte la
légende, de la trahison de Tarpéia. En
échange de la promesse faite par les
Sabins de lui donner leurs bracelets
d'or, Tarpéia leur ouvrit les portes de
la citadelle ; les Sabins, d'ailleurs,
avec une subtilité qui n'est pas sans
analogie dans l'histoire de l'antiquité,
accablèrent la malheureuse sous le
poids de leurs boucliers. Ce n'est que
sous Tarquin, un des rois de Rome,
que le nom de Capitole fut donné à
cette colline. Tarquin ayant eu l'idée
d'y élever à Jupiter un temple qui fût

commun aux peuplades des sept collines, on trouva, en creusant les fon-
dations de l'édifice, la tête merveilleusement conservée d'un devin nommé
Olus. De telle sorte que le nom de Capitole viendrait de *caput Oli*, tête
d'Olus. Comment Caput Oli devint
plus tard *Campidoglio*, champ d'huile,
ainsi que le nomment aujourd'hui les
Romains, c'est ce que nous ne nous
chargeons pas d'expliquer. Ce sont,
paraît-il, les corvées imposées par
Tarquin aux Romains pour la construction du temple de Jupiter qui
poussèrent les sujets de ce roi à
la révolte qui aboutit à l'établis-
sement de la République. C'est sur
l'area ou place du Capitole que l'aîné
des Gracques tomba victime du res-
sentiment des patriciens.

Là aussi s'élevait le temple de
Jupiter Capitolin, dont les Romains,
qui furent toujours orgueilleux, di-
saient que c'était la première demeure
de Jupiter après celle du ciel. Incendié
plusieurs fois, réédifié avec une nou-
velle magnificence, il survécut longtemps au paganisme ; il en existait encore des vestiges du temps de Charle-

magne. Il ne disparut tout à fait qu'au
x° siècle, époque à laquelle il fit place
à l'église de l'Ara-Cœli, où chaque
année on expose le *Santissimo bam-
bino*, statuette de l'enfant Jésus,
sculptée dans le tronc d'un olivier du
mont des Oliviers, par saint Luc, objet
d'une vénération toute particulière de
la part de la population romaine.

Destitué de son importance et de son
prestige par les empereurs, le Capitole
n'est plus aujourd'hui qu'un édifice
banal, surmonté d'une tour carrée aux
maigres proportions. Michel-Ange y
employa pourtant les ressources de
son puissant génie ; mais, soit par in-
différence, soit pour d'autres causes, il
ne semble pas s'être maintenu, en
cette circonstance, à sa propre hauteur. Le Capitole n'a donc plus aujour-
d'hui d'autre intérêt que celui qui s'at-
tache au nom qu'il porte — et aussi
celui dont est vraiment digne la pré-
cieuse collection d'antiquités qu'il
abrite. Il a droit à une visite : heureux
ceux qui peuvent la faire sans se pres-
ser !

Ce ne fut pas notre cas : l'heure de
quitter Rome allait bientôt sonner

LA STATUE DE GARIBALDI SUR LE MONTE PINCIO

LES FONTAINES DE LA PLACE NAVONE

CAPPELLA DI SAN PAOLO DEL TEMPIO

pour nous ; et c'est en toute hâte qu'il nous fallait, le cerveau bourdonnant de mille souvenirs, le cœur gros de regrets, regagner, par le Corso, notre hôtel, pour y faire nos préparatifs de départ.

A huit heures et demie, nous étions, en effet, installés dans le train qui devait nous ramener en France.

Le Retour
De Rome à Gênes

———

Le départ de Rome s'effectue en bon
ordre. Les jeunes gens des patronages
romains sont venus reconduire les
nôtres et l'on échange, sous la gare,
les cris de « Viva la Francia ! viva
« l'Italia ! » Et l'on part.

De même qu'il est impossible de
mettre le pied dans Rome sans
éprouver une émotion, où le respect se
mêle à la curiosité, il est difficile de
quitter Rome sans quelque regret,
surtout après un aussi court séjour.
C'est comme si l'on se séparait d'un
nouvel ami dont on aurait pu appré-
cier la valeur morale et le charme in-
tellectuel, bien avant que la satiété ait
eu le temps de venir. Il y a dans
Rome tant de choses à voir, matière
à tant de passionnantes études, que la
satiété doit y être inconnue. Cependant, la pensée que nous rentrons en

France, chez nous, dans nos familles qu'une excursion si lointaine peut avoir inquiétées, atténue, certes, les regrets que nous causent ce départ, cette séparation. Mais il faut quelques heures pour que l'impression mélancolique du premier moment se dissipe. Le plaisir de retrouver, pour faire la route, d'aimables compagnons qui ont partagé nos fatigues, participé à nos émotions, avec lesquels nous pouvons échanger nos impressions, y contribue puissamment. Et c'est peut-être le plus grand charme de ces excursions en commun : on se trouve moins isolé, et cela donne du courage.

Le train court rapidement sur les rails. Nous refaisons, en pleine nuit, le trajet que, trois jours avant, nous avions fait en plein jour. Peu à peu, chacun, s'arrangeant de son mieux dans son coin, sommeille ou songe. Il n'y a rien de mieux à faire.

11 septembre. — Le jour naissant nous éveille à l'arrivée en gare de Pise. La pluie, la pluie bienfaisante, qui a commencé de tomber au départ de Rome et qui nous a accompagnés jusqu'ici, adoucit la température, abat la poussière. Et c'est un grand soulagement.

Nous côtoyons de près la mer, au-dessus de laquelle un ciel gris étend son voile léger, que déchirent de fréquents éclairs. Le bruit sec du tonnerre accompagne celui du train qui roule, comme pressé d'arriver au but, lui aussi. Nous franchissons les nombreux et courts tunnels dont les obscurités coupent fréquemment les clartés qui, peu à peu, ont envahi le ciel et la mer. Bientôt, un spectacle enchanteur se déroule à nos yeux ; c'est celui de la Riviera de Gênes, qui rivalise avec notre Côte d'Azur. Et nous voudrions pouvoir nous arrêter pour en jouir davantage. Mais le train qui nous emporte est inexorable. La Spezzia, Sesti, Chiavari, Rapallo défilent sous nos yeux, à peine entrevus. Après cent détours, à travers une contrée merveilleusement boisée, à laquelle le voisinage de la mer semble procurer une éternelle jeunesse, nous arrivons à Gênes.

Gênes

—

Gênes « la superbe », à cause des riches palais de marbre qu'y ont édifiés les riches marchands qui, au XVI° siècle, y régnaient en maîtres, s'étend sur la grève aux pieds de la falaise boisée qui la domine et la défend contre les vents du Nord. Gênes se vante de posséder le plus beau Campo Santo, c'est-à-dire la nécropole la plus grandiose de toute l'Italie. Quelques-uns de nos compagnons mettent à profit les trois heures d'arrêt qui nous sont accordées pour y monter. D'autres, et nous sommes du nombre, ne peuvent résister à la tentation que leur offre la mer ; ils n'ont pas trop sujet de s'en féliciter, car l'installation des bains de mer à Gênes est bien primitive et laisse beaucoup à désirer.

Une visite des principaux édifices et monuments de la ville s'impose. Nous la faisons rapidement.

Nous visitons, d'abord, l'église dite de l'*Annonziata del Vasto*, construite en 1587, par della Porta, élève et ému-

le de Michel-Ange, et restée, malheu-
reusement, inachevée. Un beau portail
à colonnes ioniques, surmonté d'un
fronton triangulaire, y donne accès ;
elle est surmontée d'une belle coupole. L'intérieur en est d'une richesse
inouïe, on pourrait presque dire extra-
vagante. De magnifiques peintures
ornent les voûtes ; l'or et les marbres
de toutes couleurs y ont été prodigués.
La décoration de la coupole est aussi
somptueuse qu'élégante. Mais l'édifice
religieux le plus curieux de Gênes est
peut-être la cathédrale de San-Lorenzo.
Construite en 1100, mais plusieurs fois
remaniée, cette église est un singulier
mélange de gothique et de roman. Le
portail central est gothique, avec des
sculptures du xIIIᵉ siècle. Les portails
latéraux sont, au contraire, de style
roman et décorés de sculptures du
xIVᵉ siècle. Au-dessus de ces portails,
une façade romane, en assises alter-
nées de marbre blanc et noir, est flan-
quée d'une tour carrée où commence
à se faire sentir l'influence de la Renaissance. Une seconde tour devait
faire pendant à celle-ci; mais elle semble n'avoir jamais été construite. L'é-

difice est précédé d'un haut perron
flanqué de deux lions en marbre noir.
L'intérieur offre un curieux mélange
de divers styles. On montre dans la sa-
cristie un plat en pâte de verre oriental qui, d'après la légende, aurait
servi à Jésus-Christ pour le repas de
la Cène et dans lequel Joseph d'Ari-
mathie aurait recueilli le sang du divin crucifié...

Au cours de notre tournée, nous
avons encore l'occasion d'admirer le
Palais Ducal, résidence des anciens
doges (prévosts des marchands); le Palazzo rosso et le Palazzo bianco ; le
palais Durazzo-Palavicini, le palais de
l'Université qui renferme l'escalier le
plus magnifique de Gênes, qui en
compte, cependant, beaucoup de très
remarquables ; le palais Royal, qui
renferme une riche collection d'œuvres
d'art ; le monument que les Génois
ont élevé à Christophe Colomb, né,
prétendent-ils, à Gênes, mais de parents espagnols ; enfin, l'église de
Santa-Maria de Carignano, construite
en 1552, et qui est une réduction de
Saint-Pierre de Rome, et le palais Doria
dont les magnificences architecturales

encadrent merveilleusement une superbe collection d'objets d'art.

De cet ensemble résulte une impression de richesse qui accuse une grande prospérité. Gênes, la rivale de Venise pendant des siècles, s'efforce aujourd'hui de surpasser Marseille, but auquel la turbulence des ouvriers de notre grand port méditerranéen ne l'aide que trop efficacement. Heureusement, Gênes se ressent du voisinage de la turbulente cité phocéenne ; certains propos, recueillis sur notre passage, sur le port, donneraient à penser que la population n'y est pas aussi calme que dans le reste de l'Italie.

L'habitude de faire sécher son linge aux fenêtres donnant sur la rue est assez répandue en Italie ; mais à Gênes elle prend les proportions d'une institution. Certaines rues (les rues Sainte-Brigitte et de la Mère-de-Dieu notamment) sont littéralement pavoisées de linge de toutes sortes et de toutes couleurs, tendu d'un côté de la rue à l'autre. Peut-être est-ce fait exprès : cela constitue, en tous cas, une des curiosités de Gênes que les cochers de fiacre et les photographes ne manquent pas d'exploiter.

De Gênes à Turin

Cette trop courte visite de Gênes
ne peut donner qu'une idée bien
incomplète de ce qu'est en réa-
lité cette grande ville de plus de 230
mille habitants, la plus forte place de
commerce de l'Italie et à laquelle l'a-
venir le plus brillant paraît réservé.
Son port, défendu par des jetées gigan-
tesques, s'étend sur plus de six kilomètres et c'est en même temps une
place de guerre dont les fortifications
ont plus de quinze kilomètres de développement. C'est assez dire son importance à tous égards.

Arrivés vers midi, nous repartons à
3 heures. Gravissant les hauteurs qui
dominent la ville au nord, la voie fer-
rée s'engage bientôt dans le massif
des Apennins. La contrée est acci-
dentée, pittoresque. Les pentes des
montagnes sont verdoyantes. Peu à
peu, les montagnes s'abaissent, les
vallées s'élargissent et nous nous trou-
vons dans la plaine, d'apparence fer-

tile, qu'arrosent de nombreux cours d'eau. Des noms évocateurs, pour nos oreilles françaises, défilent sous nos yeux : c'est Novi, Marengo, illustrés par les victoires de Bonaparte dans sa première campagne d'Italie. Car ces plaines ont été parcourues bien souvent par nos armées, tantôt victorieuses, comme à Marengo, tantôt vaincues, comme à Pavie ; l'étendard de la France y a flotté glorieusement, noblement. Et cette pensée fait vibrer dans nos cœurs la corde patriotique.

A Alexandrie,. la ligne s'infléchit à angle droit vers l'ouest ; nous courons sur Turin. C'est Asti, Villafranca, Moncaliéri, séjour préféré de la reine douairière d'Italie. La ligne reprend, mais pour peu de temps, la direction du nord. Et nous voici, de nouveau, à Turin. Mais il fait nuit, et nous avons à peine le temps de prendre un léger repas au buffet de la gare. Nous repartons, cette fois, dans la direction de l'ouest, vers les Alpes, vers la France.

De Turin à Paris

—

13 septembre. — A 1 heure du matin, nous sommes en plein tunnel du Mont-Cenis et nous le franchissons, cette fois, sans aucun malaise, ayant eu soin de lever les glaces de nos compartiments. A Modane, changement de train ; nous quittons sans regret les inconfortables wagons italiens, pour les voitures de la Compagnie P.-L.-M. Le sommeil reprend ses droits. L'aube nous surprend aux environs de Bourg. Là, on fait prendre à notre train une ligne de traverse qui nous dispense, pour gagner Dijon, de passer par Mâcon. La plaine de la Saône réjouit nos yeux ; cependant le trajet, de ce côté-ci, est moins intéressant que de l'autre.

Courte station à Dijon et nous voici lancés, à toute vapeur sur Laroche, où nous prendrons sur nos genoux notre dernier repas avant Paris. Le temps s'est sensiblement rafraîchi ; mais la poussière se soulève en tourbillons ;

car il n'a pas encore plu par ici. A Laroche une certaine quantité de nos
compagnons de voyage se séparent de
nous pour se disperser dans différentes directions : adieux cordiaux de
part et d'autre. Nous entrons, bientôt
après Montbard, dans la vallée de
l'Yonne. Tonnerre à peine aperçue
fuit derrière nous ; puis c'est Joigny,
Saint - Julien - du - Sault, Villeneuve,
Sens, Pont-sur-Yonne. A Montereau,
c'est la Seine que nous cotoyons ; elle
coule lentement à travers une contrée
qui semble véritablement privilégiée,
car nulle autre n'offre aux yeux spectacle plus reposant, plus aimable. N'est-ce
pas l'Ile-de-France, contrée fertile et
verdoyante qu'arrosent la Seine, la
Marne et l'Oise et dont les séductions,
en fixant les rois Francs, décidèrent du
sort et du nom de la France ! Après un
si long voyage à travers des contrées
pourtant si belles, nous ne pouvons
que rendre hommage à celle-ci qui est
comme le résumé, la synthèse de notre hospitalière et charmante patrie.
Et nous rendons grâce à Dieu de nous
avoir fait naître dans ce pays où il
semble avoir voulu réunir tout ce qui

LA PLACE NAVON

Une idée de Rome
1904

réjouit le cœur de l'homme et réalise le bonheur de vivre.

Mais pourquoi l'horizon se charge-t-il ainsi ? D'où vient ce brouillard opaque qui pèse sur nos têtes comme une voûte de plomb ? C'est Paris, et ce sont les fumées des mille usines qui environnant, de tous côtés, la « Capitale du monde civilisé », lui font cette peu enviable couronne. Paris paye cher à la civilisation sa primauté ; mais c'est Paris tout de même, et notre cœur palpite d'un doux émoi, car déjà nous entrevoyons, sur le quai de la gare, les parents, les amis accourus au devant de nous.

Dans leurs regards, nous lisons comme l'expression d'une admiration respectueuse. C'est que nous arrivons de Rome et que chacun de nous rapporte sur lui comme un reflet de la grande, de l'unique cité, de la cité glorieuse entre toutes. Vainement l'audace révolutionnaire des Mazzini et des Garibaldi, l'ambitieuse et peu scrupuleuse politique d'un Cavour et d'un Victor-Emmanuel, l'ont-elles réduite à n'être que la capitale politique du royaume d'Italie ; Rome,

reste moralement, comme en fait, la capitale du monde catholique ; et cela seul lui garde son incomparable prestige !

ANNEXES

Liste des Sociétés participant au Concours de Rome

L'Aiglon de Bordeaux.
L'Alerte de Troyes.
Arago-Sport d'Orléans.
L'Armoricaine de Brest.
Association de la Jeunesse d'Auxerre.
Avant-Garde de Ludres.
Les Bons-Gars de Bordeaux.
L'Avant-Garde de Troyes.
Les Cadets de Bretagne de Rennes.
Les Camarades Français de Montereau.
Cercle Catholique de Versailles.
Cercle Saint-Paul de Plaisance de Paris.
Les Champistes de Beaumont-s.-Oise.
La Durandal de Thouars.
Les Enfants de Vannes, de Vannes.
L'Espérance d'Ancerville.
Espérance de St-Sébastien de Nancy.
L'Espérance de Fontenay-Trésigny.
L'Espérance de Mirecourt.

L'Etoile des Deux-Lacs de Saint-Honoré d'Eylau, Paris.

L'Etoile de Saint-Marc d'Orléans.

La Flèche de Bordeaux.

La Française de Gonesse.

La Frontière de Nancy.

Les Jeunes de Chaumont.

Groupe Aixois d'Aix.

La Gymnastique Ségréenne de Segré.

La Jeanne d'Arc de Nancy.

La Jeanne d'Arc d'Epinal.

La Jeanne d'Arc d'Evreux.

La Jeanne d'Arc de Levallois.

La Jeanne d'Arc des Sables-d'Olonne.

La Jeune France de Cholet.

La Jeune Garde Avallonnaise d'Avallon.

La Jeanne Hachette de Beauvais.

Les Jeunes de Langon.

Les Jeunes de St-Bruno de Bordeaux.

Les Jeunes de Saint-Dizier.

La Laurentia de Paris.

Légion Jeanne d'Arc de Lagney.

Légion Saint-Georges de Ligny-en-Barrois.

Légion Saint-Martin de Bruley.

La Lorraine de Vaucouleurs.

La Liberté de Rambervillers.

Patronage Bazadais de Bazas.

Le Réveil de Frouard.

Les Rupins de Bourgogne de Migennes.

La Saint-Georges de Bellevue.
La Saint-Paul de Roubaix.
La Saint-Germain de Sours.
La Saint-Louis de la Roche-s.-Yon.
La Saint-Martin de Bayon.
La Saint-Martin de l'Isle-Adam.
L'Union Amicale de Saint-Nicolas de Nancy.
Union Sportive d'Auteuil.
Union Sportive des Grandes-Carrières.
Union Sportive de Saint-Joseph d'Orléans.
Les Voltigeurs de Billancourt.
L'Avant-Garde d'Angers.
L'Avant-Garde de Montmartre.
L'Avant-Garde de Saint-Nicolas-du-Port.
La Champigneullaise de Champigneulles.
Jeanne d'Arc de Charleville.
La Garde de Clichy.
Le Patronage de Grenoble.
Groupe Sportif de Salon.
Groupe Sportif de Compiègne.
Groupe Sportif de Crépy-en-Valois.
L'Union Athlétique de Rambouillet.
C.-A. du Rosaire, Paris.
Société de Mesnil-sur-l'Estrée.
Saint-Saturnin de Gentilly.
Les Cadets du Marais.

ALLOCUTION DE PIE X
aux Gymnastes français

Nous vous remercions, Monsieur le Président, d'avoir réalisé le vœu que nous avons adressé l'an dernier à un évêque de voir ici une délégation des jeunes gens de la Fédération gymnastique et sportive des patronages français.

Nous nous félicitons avec vous, chers Fils, de ce que vous avez répondu à cet appel, au prix de sacrifices et en nombre si considérable, pour venir exprimer vos sentiments de dévouement envers le Saint-Siège apostolique.

L'Eglise de Jésus-Christ ne saurait qu'applaudir à la fatigue que vous vous donnez dans vos exercices, laquelle, en habituant au travail, concourt providentiellement à l'éducation de la jeunesse.

On a dit avec raison qu'il ne peut pas y avoir d'esprit sain dans un corps débile ou malade. Il faut donc encourager la gymnastique, qui, profitant à la force physique, maintient et accroît la force morale et l'exercice des vertus, qui tire son origine de la force. La vie terrestre est un combat, *Militia est vita hominis super terram*. C'est tellement vrai que, dans l'Evangile, la vie est comparée à un champ de bataille, où ne vaincra que celui qui combattra vaillamment, où le prix est remporté par le plus habile à courir. Aussi compare-t-on le chrétien à un valeureux soldat qui combat sous la bannière du Christ.

Il convient donc de vous saluer avec les paroles du plus jeune des apôtres : *Scribo vobis, juvenes, quoniam fortes estis et verbum Dei manet in vobis, victistis malignum.*

La force et le courage sont des choses nécessaires pour maintenir la foi quand tous la perdent ; pour conserver des fils à l'Eglise, alors que tant d'autres deviennent des apostats et l'abandonnent : pour mettre en pratique la parole de Dieu, quand tous les autres l'ont bannie de leur cœur. La force et le courage sont nécessaires pour vaincre ses propres passions, pour rester fidèles à la vertu et à la vérité, si malmenées par tant d'autres, et pour vaincre le démon du monde alors que tant d'autres lui offrent de l'encens.

Or, nous sommes à une époque à peu près semblable à celle du roi d'Antioche, époque de dissipation, de lâcheté, de découragement universel. Aussi faisons-nous des vœux pour que votre conduite soit celle de ces jeunes soldats qui constituaient la gloire la plus pure de la dernière époque d'Israël et qui, par la bouche du valeureux Malachie, répondaient aux ministres du roi : « Si même tous se soumettaient lâchement à vous, moi et mes frères nous obéirions à la religion de nos pères. »

En attendant, nous venons vous féliciter de vous offrir pour la défense de votre foi, de rester ses fils dévoués, de garder la parole de Dieu, de triompher des passions, de rester fidèles à la vertu et à la vérité, de conserver en vous l'amour de Dieu et de la patrie, afin que votre devise soit celle des jeunes soldats de Malachie, la plus pure gloire d'Israël. Recevez donc, chers Fils, la bénédiction apostolique que nous donnons comme gage de notre amour paternel à vous, à votre Fédération, à vos patronages, à vos parents, à vos familles, à vos frères, aux ouvriers catholiques de France et enfin à la France bien-aimée qui ne manquera jamais à sa mission.

La Fête de gymnastique au Vatican

Le BOUTE-EN-TRAIN, journal des Patronages catholiques de Bordeaux et du Sud-Ouest, rend compte en ces termes, dans son numéro du dimanche 7 octobre, de la fête de gymnastique qui eut lieu au Vatican, le dimanche 9 septembre, en présence du Saint-Père :

Dès 2 heures, nos camarades des patronages catholiques du Transtévère arrivent. Ils sont vraiment aimables, et nous fraternisons déjà. Ils sont là, les uns en costume kaki avec, au chapeau, la traditionnelle plume provocatrice, les autres en béret de soie, crânement posés sur l'oreille, avec de jolis maillots bleus et une élégante ceinture qui pend au côté gauche et leur donne un petit air fillette. Il y a là de vrais « bambini » hauts comme nos brodequins blancs, pas plus. Le plus curieux, ce furent les fanfares : il en vint deux, mais voilà, le tripoli — le mot semble italien pourtant — le tripoli est inconnu chez ces messieurs. Par une délicate attention, la musique de la garde pontificale nous a choisi : Sambre-et-Meuse et le

Père la Victoire ; et, vraiment, on la croirait exécutant les plus renommés morceaux du répertoire. Les trompettes de l'*Avant-Garde* de Pontoise et du *Réveil* de Frouard, qui nous avaient déjà donné la sérénade, alternent avec les musiques italiennes et soutiennent la comparaison.

La marche pontificale est attaquée. Le Saint-Père paraît, saluant aimablement au passage les personnes connues, bénissant les petits, et prend place à son trône. Les gymnastes français vont donner la preuve de leur endurance, de leur force, de leur discipline. Debout, massés au fond, après les fatigues du voyage, du concours, de la matinée, ils vont rester durant près d'une heure sur les rangs, impassibles, irréprochables ; ils subiront encore cette pénible épreuve. Avec une incomparable maîtrise, M. Rousselet commande les ensembles, allongeant audacieusement la durée du temps dans le mouvement pour en montrer l'exacte exécution et bien marquer les positions différentes.

D'unanimes applaudissements saluent le retour des sections, et les petits gymnastes italiens ouvrent de grands yeux étonnés.

Tour à tour, sur le terrain, les socié-

tés victorieuses sont appelées à l'honneur de donner leur meilleur numéro.
La Flèche, Arago, Bellevue, Montmar-
tre, Troyes, Epinal, Montereau, Vaucou-
leurs et, pour finir, encore *La Flèche.* On
est de Bordeaux, ou on n'en est pas,
quoi ! En haut, de son trône, Pie X ap-
plaudissait, souriait, s'intéressait à chaque section. Puis, quand, au défilé général, la colonne passera devant Lui, à
chaque couleur différente des costumes,
sa main bénissante s'élèvera pour appe-
ler la protection divine sur toute cette
jeunesse.

INDEX

ANNEXES

www.ingramcontent.com/pod-product-compliance
Lightning Source LLC
Chambersburg PA
CBHW071834090426
42737CB00012B/2241